歴史文化ライブラリー
362

神社の本殿

建築にみる神の空間

三浦正幸

吉川弘文館

目　次

神社本殿の起源

神社本殿の謎をとく——プロローグ

本書の内容

神社本殿と寺院本堂はどこに違いがあるのか、神社の本殿の内部はどうなっているのか、神社に本殿はいつから何のために建てられるようになったのか、といった疑問は誰しもが抱いていようが、それらに対して首肯できそうな解答を与えた書物はいまだ見たことがない。そうした神社本殿に関する基本的な疑問に答えながら、神社本殿の建築的特質に迫ろうとするのが本書の内容である。神社本殿の各部の構造や意匠、多様な本殿形式、神社本殿の起源や変遷などについて、他書では触れられたことのない内容を盛り込みながら、詳しく述べていきたい。

ところで、最初に挙げた疑問について、とりあえず答えておこう。まず神社本殿と寺院本堂の相違点であるが、筆者の永年にわたる神社建築の研究成果から言えば、神社建築は日本古来の宮殿建築の一種であり、中国伝来の宮殿建築を祖とする寺院建築とは当初はほとんど共通点をもっていなかった。両者はどこに違いがあるのか、というどころではなく、根本的に違った建築であった。それが平安時代以降になると両者は互いに歩み寄り、ともに日本の伝統建築文化の中心となったのである。

次に、神社本殿の内部である。人が入る寺院本堂とは違って、人の目に触れることのない神社本殿の内部は概して無味乾燥な空間であって、どちらかといえば物置の内部に近い簡略な造りである。だからといって、神社本殿の起源を稲穂を納める高床倉庫に求める説に対しては賛同できない。人の目に触れない部位を簡略に造るのは、日本建築の特質の一つだからである。

また、本殿内部には御神体として鏡が納まっているとするのは、単なる俗信であって、神体はまったく別のものである。本殿最奥の神体が鎮まる部位（内々陣や玉殿《ぎょくでん》など）に懸けられている御簾《みす》の前に鏡（銅鏡）が置かれたり、その御簾に鏡が懸けられたりしていることが多く、それを見誤ったのであろう。その誤解は、中世の神仏習合期において、祭神の本地仏《ほんじぶつ》（神の本来の姿は仏であるとする本地垂迹説《ほんじすいじゃくせつ》に基づいたもの）の像を鏡面に取り付けた懸仏《かけぼとけ》を「御正体鏡《みしょうたいきょう》」すなわち神体と呼んでおり、それが明治の神仏分離まで本殿の扉や御簾に懸けられていたことにも関わりがあろう。『古事記』に、「これの鏡は専ら我が御魂《みたま》として、吾が前を拝《いつ》くが如く拝き奉れ（この鏡を我が神霊だと思って拝みなさい）」と天照大御神《あまてらすおおみかみ》が命じて伊勢神宮（三重県伊勢市）に鏡を納めたと記述されていることにも関係するようである。なお、鏡を本当に神体とする神社は伊勢神宮内宮などきわめて少数であるが、明治以降に新たに創始された国家祭祀の神社では鏡を神体とする。

神社本殿の発祥の時期については、弥生時代から奈良時代までの諸説がある。日本古来の信仰に基づく神社本殿のほうが朝鮮半島を経由して伝来した仏教建築よりも起源が古い、と思われがちである。しかし、神社本殿の起源は仏教建築が伝来した六世紀中期頃より一世紀ほど後れた飛鳥時代後期とする稲垣榮三の説に賛同したい。稲垣が、「神社が古い素朴な神祇信仰に発するとしても、単純にその延長上にいま見るような神社建築が造られたのではなく、仏教建築に対する強い関心と激しい対抗意識があって、はじめて神社建築という固有の領域が切り拓かれたとみてよい」と言ったように、神社本殿は仏教建築からの強い刺激とそれに対抗する意識によって創造されたものと考えられる。

神社本殿の定義

「神様は本殿の中においでになるのか」という問いについては、研究者の間でも決着がついていない。もちろん神が実在するか否かという哲学的な議論ではなく、本殿という建物の中に神が常在することになっているのか、それとも祭礼のときや稲作が行われる一定期間だけに神が本殿に降臨《こうりん》し、祭礼や稲作が終われば天や山へ還御《かんぎょ》（帰還）することになっているのか、という議論である。

そこで、本書では、神社本殿について、「神の専有空間を内包する建築で、そこに神が常在するとされているもの」と定義する。一時的に神が行在する仮殿《かりでん》や御旅所《おたびしょ》、あるいは祭礼等のときにだけ神が降臨する祭殿や神棚は、本殿の範疇には含めないのである。この定義は全国に散在するすべての神社本殿について当てはまるはずである。

しかし、学際的な視座からすると、神社本殿（神殿）の定義は容易には下せない。とくに考古学と民俗学の研究者との意見の整合は容易ではない。近年、次々と弥生時代や古墳時代の遺跡から発掘される祭祀用の建築と言われるものは、おそらく祭祀者が殿内に入って神の一時的な降臨を仰いだ所と推測されるので、筆者はそれを本殿とは見なさないのである。神の専有空間は、本殿形式により、あるいは時代によって広狭の相違があるが、人の入る空間とは厳格に仕切られたものとする。したがって、はるか古代において卑弥呼《ひみこ》のような巫女《みこ》に神が降りて神託を告げるのに使われた建築があったとしても、それは本殿ではないし、首長に神が降りて神と同体となって住んだ宮殿があったとしても、同様に本殿ではない。天皇の即位儀礼の大嘗祭《だいじょうさい》において天皇と神が同殿して食事を共にする大嘗宮《だいじょうきゅう》正殿《しょうでん》は、住吉造《すみよしづくり》（大阪市の住吉大社の本殿形式）と平面構成が類似すると指摘され、神社本殿の原型の一つとされているが、神の専有空間をもたぬ以上、同様に本殿とは見なさないのである。

また、民俗学者の間でよく主張されていることであるが、一時的な神の降臨の場が本殿であるというのは、どうも戴けない。たとえば、日本は稲作の国であって、春になると山から神を里の神社本殿に招いて稲の成長を見守ってもらい、秋に稲が実ると秋祭をして神に感謝し、山へ帰ってもらうというような説である。これでは神社本殿は冬季には空き家となっており、正月の祭祀はやっても無意味、もちろん初詣も無駄ということになろう。しかし、文献の残る平安時代以降、本殿が冬季に空き家であったことを示すものは一例もないし、神が常に本殿に居住していることを前提として、神饌《しんせん》（神に対する御供えの食事）や神宝《じんぽう》の奉献や祝詞《のりと》の奏上《そうじょう》といった祭祀儀礼がなされてきたことが分かっている。

ついでに付言しておきたいのは、旧暦十月を神無月《かんなづき》ということである。全国の神社の祭神が出雲大社《いずものおおやしろ》（島根県）へ縁結びの会議に出かけてしまい、本殿が留守すなわち神がいない月とされ、逆に出雲地方では、神在月《かみありづき》という。しかし、これは出雲地方だけの民話であって、他地方の神社には関係がなく、祭神が出雲へ行幸することは祭祀儀礼や文献記録などからしてありえないことだ。神が本殿から出御《しゅつぎょ》するのは、年に一度の祭礼の時に神輿《しんよ》に乗って氏子地域などを巡行するときと、本殿の修理や建替えの際に仮殿（臨時の本殿）に遷宮《せんぐう》（神体を移すこと、明治以降は遷座《せんざ》という）される場合のみである。

なお、「本殿」は近世以降の一般的用語であり、古くは正殿《しょうでん》・宝殿《ほうでん》・御殿《ごてん》・神殿《しんでん》などと記されるほうが普通である。本書では固有名詞を除いて、本殿に統一しておくことにする。続いて、本書を読んでいただくに当たって必要となる、神社に関する基礎知識を記しておく。

神社の数と神社合祀

神社は全国に九万六千社ほど存在するとされているが、路傍や山野の祠(小型の本殿だけの神社)を含めるともっと多いはずである。戦前は神社が国家により直接や間接に管理されていたので、正確な統計がなされており、明治三十一年(一八九八)には一九万一八九八社もの大小さまざまな神社が存在した。この中には小さな祠もすべて含まれている。

しかし、明治三十九年に内務省(戦前にあった省庁の一つで、その中の神社局が全国の神社を統轄していた)が打ち出した神社合併の達しによって、大正五年(一九一六)までには、一一万七七二〇社に整理統合された。現存する神社数はほぼこの値に近いと考えられる。それ以前の明治四年にも神社合併の触書が出されているので、江戸時代に全国に存した神社の総数は軽く二〇万社を超えていたはずである。

神社合併の断行は、明治維新の神仏分離と並ぶ文化や伝統の破壊行為であった。付近の人々が信仰するだけの小さな神社では、社殿の維持管理や祭祀などが滞って神の威厳が損なわれる、という役人の偏った思いつきのような理由から、小さな神社を廃社として、その祭神を村の鎮守社《ちんじゅしゃ》などに合祀《ごうし》させたのである。稀代の生物学者であった南方熊楠《みなかたくまぐす》がこの神社合併政策に強烈に反対したことは有名な話である。

廃社となった神社の神体は、合併先の神社本殿の中に移されて祀られることが多く、そのため鎮守社本殿の内陣には多数の神体が並べられるようになった。その際に、御幣《ごへい》や木札を新たな神体として合祀することも推奨されており、神体の変更すらなされている。今日の本殿内部の有様は、明治維新以前とは少なからず変化している。合併先が有力な神社である場合には、その本殿内へは合祀されず、その境内に祠を並べて祀られたり、合祀社《ごうししゃ》の本殿を新設（廃社となった神社本殿を移築して再利用することもあった）し、そこにまとめて合祀されたりした。

村の鎮守社

ところで村の鎮守社とは、江戸時代の村（現在の大字に相当する地域、市町村合併により市内の町名となっていることが多い）にあった複数の神社の中で最大の神社であり、のちに明治政府から一般的に村社《そんしゃ》という社格を与えられていた神社である。そうした神社は村や町などの単位で地縁的に定まっている（したがって先祖代々の居住者である必要はまったくない）信者である氏子《うじこ》によって祀られるため、氏神社《うじがみしゃ》とも呼ばれる。各地で行われている年一度のお祭りの多くは、この氏神社の祭礼である。

村の鎮守社の多くは、中世の在地領主によって勧請《かんじょう》（神社を新たに創始すること）されたという由緒をもつ。その勧請の時期は、それぞれの社伝に従えば、十四世紀から十六世紀に集中している。近世初頭の天下統一の過程において、とくに慶長五年（一六〇〇）の関ヶ原の戦いにおける戦後処理による西軍大名の取りつぶしと東軍大名の西日本への加増転封にともなって、神社を護持していた在地領主が一掃されてしまい、取り残された神社が村人（氏子）の神社へと変化発展したものである。

在地領主は一般的に武家（または武士）であったので、源氏の氏神である八幡宮《はちまんぐう》（明治以降は政府が発した宮号《ぐうごう》の停止命令により八幡神社と改称させられた）が多く、そのほかに熊《くま》野権現《のごんげん》（神仏分離にともない、仏教的な権現号の停止命令によって熊野神社に改称）・祇園社《ぎおんしゃ》（神仏分離で八坂神社・清《すが》神社・素戔嗚《すさのお》神社などに改称）・賀茂神社・諏訪《すわ》神社といった有名な神社の分祀《ぶんし》（本社から神霊を分けて祀ること）が圧倒的に多い。それらの中には、平安時代の荘園の鎮守社であった神社も含まれている。現在、重要文化財に指定されている神社本殿の大部分は、村の鎮守社の本殿であることを念頭に置いていただきたい。後述するように、それらの本殿は、三間社《さんげんしゃ》（正面の柱間の数が三つである本殿）の流造《ながれづくり》（前側の屋根が長い形式）が多く見られ、規模形式が比較的に揃っている要因の一つであるからだ。

旧社格

さて、村社の上に郷社《ごうしゃ》（村より広い範囲の郷の崇敬を集める神社）、その上に県社《けんしゃ》（または府社、府県内広くの人々の崇敬を集める神社）が明治政府によって定められていた。府県社のさらに上には、官幣社《かんぺいしゃ》と国幣社《こくへいしゃ》が定められており、それぞれ大社《たいしゃ》・中社《ちゅうしゃ》・小社《しょうしゃ》の三等級があった。最高位の官幣大社から国幣小社までの六階級で、あわせて官国幣社と呼ばれていた。官幣社は例祭に皇室から幣帛《へいはく》を奉る（奉幣《ほうへい》という）神社で、皇室に崇敬された神社や皇室に関係する祭神の神社である。国幣社は国庫から幣帛を奉る神社で、古くからの有力神社や国土経営などに功績のあった神を祀る神社である。官国幣社は、後述する一宮《いちのみや》など、歴史的に著名な有力神社であったり、本殿形式に特徴があったりする重要な神社がその多くを占めている。さらに特別な功績のあった臣下を祀る別格《べっかく》官幣社が創設された。そして、官国幣社のさらに上位に、皇室の祖神である天照大御神を祀る伊勢神宮（正式名称は「神宮《じんぐう》」）が君臨した。

昭和十三年の統計によれば、官国幣社が二〇五社、府県社が一〇九八社、郷社が三六一六社、村社が四万四八二三社あった。どの社格にも列されなかった神社は無格社《むかくしゃ》と称され、六万四九六社が存したのであり、神社の大半は社格制度では無視されていたことになる。

無格社の多くは「由緒不詳」（神社界では詳しい沿革が伝わっていないことをいう）とされ、社殿の規模も小さな神社であったが、村社をはるかに超える社殿や境内地をもっていた例もあり、そもそも村社でも「由緒不詳」は少なくない事例であった。明治の社格決定は担当役人の資質によって大いに左右されていたのである。明治末期の神社合併政策で廃社となった神社の大部分は無格社であった。明治の社格制度は、太平洋戦争の戦後処理で撤廃された。今日、各地の神社の表にある社号の石柱に彫られた旧社格がセメントで塗りつぶされているのは、神社に対する明治以来の国家管理（統制）が終わったことを象徴している。

なお、今日まで神社本殿に関する研究があまり進まなかった最大の原因は、神社の国家管理にあった。本殿内部の調査が戦前までは不可能（本殿内への俗人の参入の禁止）であったからで、旧社格の高い神社では、本殿の修理等で神体が本殿から遷座されない限り、今日に至っても許可されないのが普通である。

延喜式内社と一宮

明治制定以前にも社格があった。延長五年（九二七）に完成した『延喜式』の神名帳《じんみようちよう》に登載されている神社は、当時の国家管理の神社すなわち官社《かんしや》であって、社格が与えられていた。『延喜式』神名帳には、全国に三一三二座（祭神の柱《はしら》数）、神社数で二八六一社が登載されている。『延喜式』では、官社を神祇官が祀る官幣社と国司が祀る国幣社に分け、それぞれ大社と小社の二階級に区分している。官幣大社と国幣大社は合わせて四九二座（三五三社）あり、そのなかでも名神例祭に預かる名神大社《みょうじんたいしゃ》に列格された三〇六座（二二四社）は一宮をはじめ中世以降の有力神社になったものが多い。

『延喜式』神名帳に登載されている神社は延喜式内社《えんぎしきないしゃ》あるいは単に式内社と呼ばれ、古い由緒をもつ神社として、とくに日本歴史の研究が盛んとなった江戸時代中後期から重要視された。しかし、重要視された理由は複雑である。平安中期以降の律令制の衰退にともない、官社の維持ができなくなって社殿の荒廃をきたし、江戸時代中期までには多くの式内社が滅亡して所在不明となっていた。そうした式内社を探し当てる研究が活発化したからにほかならない。明治四年に設置された社格制度で高位に列される条件には、由緒として式内社であるかどうかが重視された。今日、各神社の由緒書では、式内社であれば必ずそれがうたわれている。

また、村の鎮守社となっていた式内社も少なくないが、その場合では中世以降に八幡宮や祇園社などに祭神も社号《しゃごう》（神社名）も変化しているのが普通で、明治以降に式内社の祭神と社号に復し、中世以来の祭神はその相殿神《あいどののかみ》（主祭神の脇に並べて同じ本殿内に祀られる祭神）とされた。ただし、式内社に復す際に、確実な証拠が必ずしもあったわけではなく、地名や不確かな伝承に基づいて、所在不明となっていた式内社に比定された例も少なくない。ときには、同一の式内社に対して二、三社が候補とされていることもあり、それを論《ろん》社《しゃ》と称している。

平安時代中期から鎌倉時代にかけて多くの官社が没落していくなかで、それぞれの国（諸国）の中で最も崇敬を集める有力神社（その多くは式内社のうちの名神大社）が台頭してくる。そうした国々の有力神社は一宮（まとめて諸国一宮）と呼ばれる。一宮はそれぞれの国全体を擁護する国中第一の霊神（霊社）とされ、国鎮守《くにちんじゅ》とも言われる。平安後期の十一世紀後期から十二世紀前期にかけて、順次に一宮の称号を得ていったと考えられている。他社と比べて格段に壮大な一宮の社殿を護り維持する費用は、その国全体に賦課しなければならず、当初は国司、のちには守護や大名らの責務とされた。なお、諸国の一宮とは別に、近畿地方においては、先行して十世紀に十六社《じゅうろくしゃ》が定められ、十一世紀末までに王城《おうじょう》鎮守《ちんじゅ》（京都を守護する神社）の二十二社《にじゅうにしゃ》が確定している。

また、一宮や二十二社はその有力さゆえに、他社とは隔絶した大規模な本殿や特徴的な形式の本殿を構えることが少なくなく、神社本殿に多様性をもたらす一つの要因となった。しかし、有力神社であるがゆえに、新しい本殿を良しとする神社界の通念に従って、江戸時代や明治以降に本殿を建て替えられた例が多く、中世に建築年代が遡る本殿を残す一宮は意外に少ない。

社号と祭神

神社の社号は、一般的に祭神名あるいは地名によって定められている。式内社には独特な社号すなわち個性的な祭神名や地名その他のものが多い。たとえば、多《た》祁《け》伊《い》奈《な》太《た》伎《ぎ》佐《さ》耶《や》布《ふ》都《つ》神社（広島県福山市）のような長い社号（おそらく全国一長い）や矢《や》田《た》坐《にいます》久《く》志《し》玉《たま》比《ひ》古《こ》神社（奈良県大和郡山市）のような地名（矢田）と祭神名（久志玉比古命）を示した社号、さらには自玉手祭来酒解《たまでよりまつりきたるさかとけ》神社（京都府大山崎町）のように途中に返り点を打たないと読めない社号もある。村の鎮守社の社号は祭神名が一般的であったが、近代になってから地名に改められた例が多い。その理由は、八幡神社や熊野神社のように同名の神社が多くて区別しにくいし、神社合祀によって複数の神社を統合したからである。また、先述したように、明治以降に式内社の社号に復した神社もあり、神社の歴史を調べる際には、明治維新以前の社号をまず確認することが大切である。

村の鎮守社ぐらいの比較的に大きな神社においては、主祭神だけではなく、別の神も祀られているのが普通である。その原因の一つは先に挙げた神社合祀である。主祭神を祀る本殿内に合わせ祀られた神を相殿神という。境内に別に本殿を建てて祀る場合には、それを摂社《せつしゃ》あるいは末社《まつしゃ》と呼ぶ。摂社は主祭神と関係の深い神あるいは格式の高い神（この場合は神の系譜上の格式ではなく、当該神社における由緒上での格式である）を祀り、末社にはそれ以外の神、たとえば合祀した神社の祭神などを祀ることが普通である。摂社・末社の本殿に対して、主祭神の本殿を本社《ほんしゃ》という。

また繰り返しになるが、明治維新の神仏分離によって、仏教的な社号の停止が命じられており、それにともなって社号の変更が全国的に実施された。とくに山王権現《さんのうごんげん》や金比羅大《こんぴらだい》権現《ごんげん》や熊野権現のような権現号は、本来は仏であるが衆生《しゅじょう》を救うために仮《かり》（権）の姿で現れた神という本地垂迹説に基づくものであったし、祇園社《ぎおん》（牛頭天王社《ごずてんのう》）はそもそも仏教の祇園精舎《ぎおんしょうじゃ》からきたものであったので、明治政府の槍玉にあげられた。山王権現は日吉《ひえ・ひよし》神社や日枝《ひえ》神社に、金比羅大権現は琴平《ことひら》神社や金刀比羅《ことひら》神社に、祇園社は八坂神社や八栄《やさか》神社あるいは祭神名をとって素戔嗚《すさのお》神社や須佐《すさ》神社などに改称させられた。龍王《りゅうおう》社・聖《しょう》霊《りょう》社・弁財天《べんざいてん》社・妙見《みょうけん》（妙現）社なども社号変更の対象となった。社号変更にともない牛頭天王や金比羅大権現のような仏教的な祭神名も素戔嗚尊《すさのおのみこと》や大物主命《おおものぬしのみこと》など記紀に登場する祭神名に変更された。

また明治の社格制定にともなって、神宮《じんぐう》号や宮《ぐう》号の使用が厳しく制限されている。神宮号は古代の特別な大社だけに使われた社号であって、伊勢神宮・熱田《あつた》神宮（名古屋市）・気比《けひ》神宮（越前《えちぜん》一宮、福井県敦賀市）・香取《かとり》神宮（下総《しもうさ》一宮、千葉県佐原市）・鹿島《かしま》神宮（常陸《ひたち》一宮、茨城県鹿島市）などがあった。宮号は歴史的に実在した（あるいは実在したとされる）人物を祭神とする神社に多く、応神天皇を祀る八幡宮、仲哀《ちゅうあい》天皇を祀る香椎宮《かしいぐう》（福岡市)、菅原道真《すがわらのみちざね》を祀る天満宮《てんまんぐう》、徳川家康を祀る東照宮などが著名である。八幡宮は八幡神社、天満宮は天神社《てんじんしゃ》、東照宮は東照社に改称された。天満宮の本社である北野《きたの》天満宮(二十二社、京都市)は北野社と改称されたが、戦後になって、以前の由緒ある北野天満宮に復されている。

祭神名も先述したような諸般の事情で明治以降に変更されたものが少なくないが、中世あるいは近世に古典の研究などによって変更された例も少なからず存在する。たとえば、厳島神社(広島県)の主祭神は、平安時代後期においては伊都岐島大明神《いつきしまだいみょうじん》であったが、この神名が記紀に現れないためか、中世以降は市杵島姫命《いちきしまひめのみこと》に変更されている。また出雲大社では、中世は素戔嗚尊であったらしいが、近世に大国主命《おおくにぬしのみこと》に改められた。

祭神と本殿形式

祭神と本殿形式とは、本来は無関係であろうが、古代からの大社や一宮では、他社とは異なる個性的な本殿をもつものが少なくなく、そのために祭神と本殿形式が関連する。たとえば、伊勢神(天照大御神)と神明造《しんめいづくり》、住吉神と住吉造、春日《かすが》神と春日造、吉備津彦命《きびつひこのみこと》と吉備津造などである。しかし、それらは神社の全体数からすれば無視できるほどの少数派であって、大多数の神社では、祭神と本殿形式はまったく関係がないと言える。

全国十万社、推定二十万棟の本殿のうちの約六割が流造、一割が春日造とその変型で、入母屋造《いりもやづくり》と切妻造《きりづまづくり》がそれに続き、それらで九割九分ほどを占めるはずであろうが、数が多すぎて、まだ誰も確かめたことはない。なお、摂社や末社の本殿の規模は一間社（正面の柱間の数が一つである本殿）が普通で、しかも、その一間は寸法が短く、一メートル未満が大多数を占め、そのため構造が簡単な流造や切妻造が圧倒的に多い。

神社本殿の見方

神社本殿の基本構造

本殿の規模表記

神社本殿の規模は、正面の柱間《はしらま》の数で表す。柱間が一つだけの本殿を一間社《いっけんしゃ》、二つのものを二間社、三つのものを三間社、以下、四間社、五間社などという（図1参照）。側面の柱間数については、正面の規模にほぼ相関しているので、特殊な形式の本殿を除いて、通常は表記されない。

ところで、「間《けん》」という単位が柱間の数を表すのは、奈良時代以来のことで、十世紀にはそれが完全に定着している。それ以来、「間」数は柱間の数で、実際の寸法を表すものではなかった。しかし、十四世紀後期になると、当時の住宅に一般的に使われた柱間の寸法が六尺五寸（約一・九七メートル）であったことから、一間の意味が六尺五寸という実寸法を表す寸法単位となってしまった。なお、十六世紀後期になると、地方によっては一間が六尺

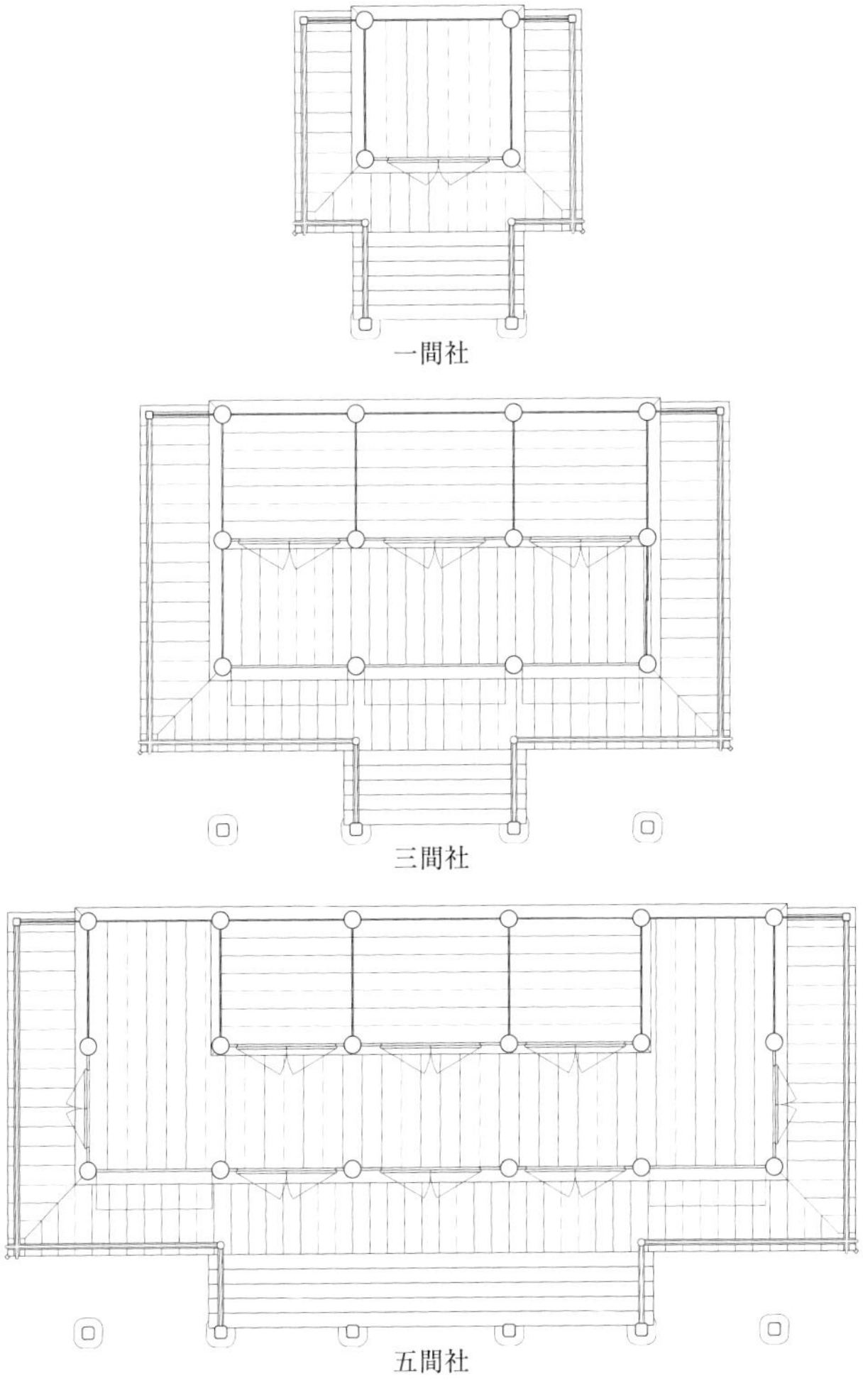

図1　神社本殿の規模（一間社・三間社・五間社）

三寸や六尺などに縮小し、明治二十四年に東京地方の慣行に基づき一間を六尺（約一・八二メートル《メートル》）と法定された。

住宅とは違って、神社本殿の柱間は六尺五寸であることはむしろ珍しく、また中央間《ちゅうおうま》と脇間《わきま》とで寸法を変えることが多いので、実寸法の「間」を長さの単位に用いると、端数が出てしまい、不便である。そのため、本殿規模を表す際には、柱間数を示す「間」も江戸時代まで細々ながら併用されてきた。この古式な規模の表し方は、近代になって建築史研究で復古的に再用され、今日では神社本殿を含めて、文化財の社寺建築（ただし住宅系平面をもつものを除く）に関する規模表記の標準となっている。

本殿の基本的規模

さて、伊勢神宮や京都の賀茂神社といった古い本殿形式を継承した神社では、三間社が基本である。古い本殿形式では、神の専有空間は、正面三間、側面二間の規模であることが多く、この規模は「神が住まう」ために広すぎず狭すぎず、最も適切な空間の大きさであったようである。そのため、後世になって、一宮などで大規模な本殿形式が誕生しても、神の専有空間は正面三間、側面二間の規模が踏襲されることが多い。

中世や近世に建てられた鎮守社の本殿にも三間社が比較的に多く見られるが、本殿は三間社が基本であるという概念が全国に定着していたからであろう。

そこで、全国に現存する神社本殿の規模について見ると、圧倒的に一間社が多い。筆者の推定では、鎮守社級の神社総数のおよそ九割が一間社で、摂末社を含めた本殿総数では、ほとんどが一間社としても過言ではなかろう。神社本殿の数の多さとそれを護持する氏子の数から、本殿の造営費用を勘案してみれば、当然のことではある。村の鎮守社に立派な三間社の本殿を設けて祀るのは、並大抵のことではない。なお、三間社の本殿が全国一の高密度で分布しているのは、広島県域であって、摂末社を含めて七二五棟（『広島県神社誌』所載二八四九社中）である。

三間社はそれほど多くはないものの、一間社に次いで多く存在し、日本の神社本殿の基準となっている。三間社と一間社以外の規模の本殿となると、ほとんど存在しないと言える。その少数の本殿も二間社・五間社・七間社・九間社の順に少なくなり、四間社・六間社・八間社はおそらく全国で数棟しか存在しないであろう。

本殿は奇数間数

ここで注目して欲しいのは、奇数間数が当たり前で、偶数間数がまれなことである。中国の陰陽説では、奇数を陽数、偶数を陰数とし、陽数をめでたい数とする。したがって、社寺建築の正面の間数や塔婆の重数などは陽数である奇数にされている。東大寺大仏殿は正面七間、平等院鳳凰堂は正面五間であるし、三重塔や五重塔はあるが、四重塔はないのである。神社本殿の起源は七世紀中後期と推定され

図２　四間社（熊野神社下四社・岡山県）

るが、その時期には中国の陰陽説が伝来しており、その影響を強く受けているのである。

二間社という偶数間数の本殿がわずかに存在するのは、主祭神が二柱の神社に応用されたからである。しかし、主祭神が二柱の場合でも、二間社となるのを避けるために中間に空き部屋を設けて、無理矢理に三間社とした例のほうが多い。四間社は同様に四柱の祭神を祀る本殿であるが、複数棟の本殿を横一列に並べて十二柱の神を祀る熊野神社における、中四社や下四社の本殿ぐらいしかない（図２参照）。八間社は国宝の厳島神社本社本殿が唯一であろうが、この本殿は本来は九間社であって、鎌倉時代の本殿再建の際に、正面中央の柱を一本省略した結果、八間社となっただけで、背面から見ると古くからの九間社である。

大規模な本殿

五間社以上の本殿には、一宮や二十二社といった特別に有力な神社の本殿と、多くの祭神を祀る神社において多数の本殿を横に連結した連棟型の本殿とがある。前者では厳島神社本社本殿の八間社（本来は九間社、安芸《あき》一宮、広島県廿日市市）が最大で、八坂神社（二十二社、京都市）・備後吉備津《びんごきびつ》神社（備後一宮、広島県福山市）・鹿児島神宮（大隅《おおすみ》一宮、霧島市）などの本殿の七間社がこれに次ぐ。後者でも一宮や二十二社と重複するものが多く、石清水《いわしみず》八幡宮（二十二社、京都府八幡市）や窪八幡《くぼはちまん》神社（山梨県山梨市）や広峰《ひろみね》神社（兵庫県姫路市）の十一間社が最大で、住吉神社（長門《ながと》一宮、山口県下関市）・伊佐爾波《いさにわ》神社（愛媛県松山市）・筥崎宮《はこざきぐう》（筑前《ちくぜん》一宮、福岡市）などの九間社がこれに次ぐ（図3参照）。

身舎と庇

社寺建築の骨組は、柱・梁《はり》・桁《けた》という三種類の主要部材でできている。建物の奥側と表側に向かい合わせに一対の柱を立て、それに梁を掛け渡したものが基本単位で、この基本単位を横方向にいくつか並べ、桁で繋ぐと骨組ができる。この部分を身舎《もや》（母屋とも書く）という。一間社の身舎は基本単位が二つで、三間社なら四つでできている。ただし一間社では梁の長さも一間とされるが、三間社では二間の梁とされるのが普通であって、身舎の規模に合わせて梁の長さが調整されている。五間社以上で

図３　長大な本殿（上から窪八幡神社・伊佐爾波神社・住吉神社）

も梁は二間とされるので、長大な本殿となる。正面の柱間の実寸法が短い本殿の場合では、基本単位をいくつでも並べられるので、正面間口は無制限に伸びるが、奥行は二間（まれに三間）にしかならない。

奥行の長さを伸ばすためには、身舎の前や後ろに別に柱を立てる。そのように身舎に付属させて伸ばされた部分を庇《ひさし》という。社寺建築は、飛鳥時代以来、南北朝時代に至るまでそうした身舎と庇で構成されていた。神社本殿においては、寺院本堂より規模が小さかったので、身舎・庇の構造が近代まで継承されたが、室町時代以降に現れた住宅系の寺院本堂（時宗・浄土宗・浄土真宗の本堂や、方丈型の禅宗・日蓮宗の本堂など）では、身舎・庇の構造が崩れて複雑な平面のものが誕生している。

平入と妻入

神社本殿の身舎は切妻造《きりづまづくり》（図4参照）が基本である。切妻造は最も単純な山形の屋根形式で、三角柱を横倒しにした形である。その横倒し三角柱の三角形の側を「妻《つま》」、長方形の側を「平《ひら》」といい、妻側が切り落とされたような形なので、切妻造と呼ばれる。そして、平を正面に向ける場合を平入《ひらいり》、妻を正面に向ける場合を妻入《つまいり》という。

平入・妻入の別は建築学の基本である。大概の専門書では、建築の出入り口だけに着目

切妻造（桜井神社拝殿）

入母屋造（浄土寺本堂）

寄棟造（浄土寺阿弥陀堂）

図4　屋根形式

図5　平入と妻入（室生寺金堂）

して、平に出入り口のあるものを平入、妻に出入り口のあるものを妻入と定義するが、そう単純なことではない。社寺建築や書院造などの住宅建築では通用しないこともあるからだ。清水寺・室生寺・石山寺・三仏寺などの国宝寺院を訪れた際に、出入り口は妻にあるが、建築の正面は平という建築例を見て、混乱した経験がおありではなかろうか（図5参照）。中世以降の神社本殿では複数の出入り口があり、人が出入りする通用口は妻に設け、建築の正面入口は平とする平入が多い。出入り口がどこにあろうが、建築の正面が平か妻かだけに注目すればよいのである。

さて、大部分の神社本殿は平入であって、妻入は全体の一割にも満たない。本殿形式のところで詳しく説明するが、妻入は、大社造・住吉造・春日造ぐらいしかなく、しかも大社造・住吉造は全国で数社しかない。平入の多い理由の一つは、平のほうが妻よりも大きな規模にできるからである。

内陣外陣

本殿の内部は一室とするのが古例である。一室の場合、そこは構造上では身舎であるが、祭祀から見れば内陣《ないじん》と呼ばれる。内陣の床は板敷であるが、近世のものでは、畳敷の例もある。神体は、内陣の後方に腰高ぐらいの祭壇を設けて、その上に安置されるのが普通であるが、古式を踏襲した例では板敷の中央やや後方寄りに低い台を置いて奉安される。玉殿《ぎょくでん》という本殿を小型にした容れ物に神体を収めることもあり、西日本とくに広島県西部（安芸国《あきのくに》）ではそれが一般的である。

身舎を前後二室に間仕切る場合では、その奥室を内々陣《ないないじん》といい、前室を内陣という。神社によっては、奥室を内陣といい、前室を外陣《げじん》ということもある。前室を外陣と称する場合には、そこに神職以外の俗人が参入する儀礼や参拝方式を採っていることがある。まれに三室とする場合は、奥より内陣・中陣《ちゅうじん》・外陣、あるいは内々陣・内陣・外陣という。しかし、そうした呼称は近世や近代に変化していることも考えられ、あまり気にする必要はない。

また、流造などのように身舎に庇を付加した本殿形式では、身舎内を内陣と呼び、庇は床がある場合は外陣と呼ぶ。床のない庇は階段の雨よけの庇で、向拝《こうはい》と呼ぶべきであろう。

内陣の意匠の簡略さ

一般的に神社本殿は、古くは身舎（内陣）だけの建築で、その全体が神の専有空間であったので、本殿内部には神職といえども参入は許されていなかった。したがって、本殿は外側から拝まれることになり、祭神の威光は本殿の外観の荘重さや華麗さで象徴される。それとは対照的に、本殿内部は飾り気が少なく、質実な空間であった。年代が下降すると、身舎に人が参入する庇（外陣）が付加されたり、身舎を前後に間仕切って神の専有空間を身舎後半部の内々陣だけに縮小されたりした。それにともなって、本殿内部であっても人が参入する部位は飾られるようになったが、神の専有空間はさらに質素になっていった。

中世以降の本殿では、神の専有空間である内陣（二室の場合は内々陣）は人目に触れることがないので、徹底的に簡略化されている。一切の装飾が用いられないばかりか、たとえば、外側から見ると円柱であっても内陣の内では八角柱の仕上げで止められていたり、内陣内の部材の表面に鉋《かんな》が掛けられず、荒仕上げのままであったりもする。建築意匠的には、物置や押入の内部と同等であって、そこが神の座であるという趣はまったくないのである（図6参照）。

そうした内陣の簡略化は、ある意味では省力すなわち手抜き工事とも言えるが、本殿の本質が神の住居から祭神の象徴へと変容したものと解釈することも可能であろう。寺院本

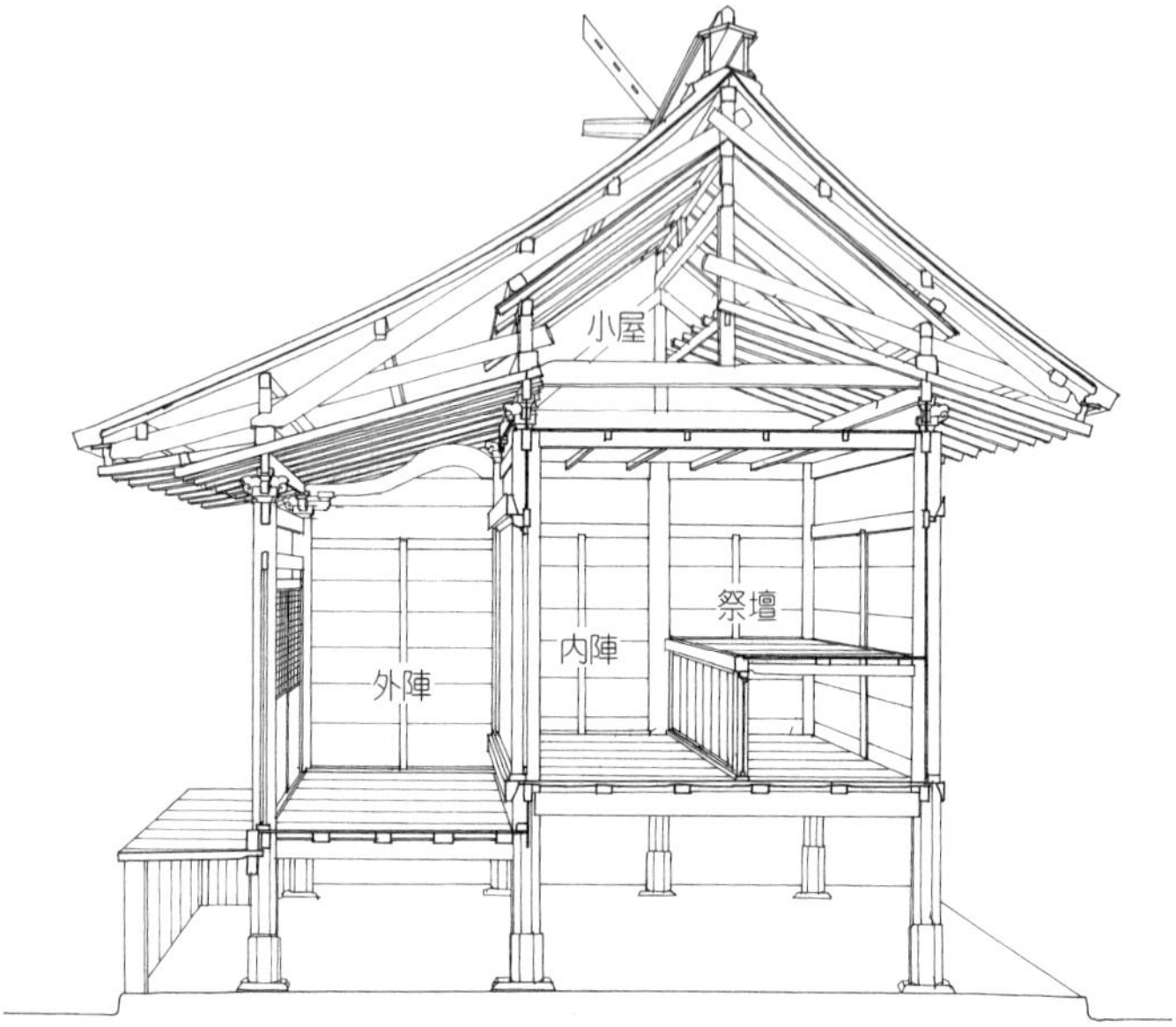

図６　本殿断面見取り図（桂濱神社本殿・広島県）

堂のように内部に参入して祀られている本尊を直接に拝することができる（たとえ秘仏《ひぶつ》であっても何年かに一度の開帳がある）のと相違して、神体を見せることはまったくありえないし、本殿内部へ参入して礼拝することも普通はなく、ましてや神の専有空間まで参入することは決してないのである。そこで、本殿の外観自体が礼拝の目標物とされ、建築装飾が外観を中心に施され、人目に触れない神の専有空間は極限まで簡略化された。

しかし、この現象を短絡的に手抜き工事と見るのは正しくなく、日本の伝統文化の一つの特質と見るべきであろう。人目に触れないところに手間暇を掛けるのは大いなる無駄であり、その無駄を省くことによって浮いた経費を目立つ部位に投じて、効果的に建築なり美術工芸品なりの全体的な価値を高めるという行為であって、高度な合理的発想に基づくものである。寺院建築においても、人目に触れない部位、たとえば、本堂の内陣に安置されている本尊の厨子《ずし》の内部、浄土真宗本堂の内陣から見た内外陣境の欄間《らんま》といった、本尊からすれば間近の重要部位において、合理的な手抜きが見られるのである。

本殿は円柱が基本

柱は社寺建築において最も重視される部材である。円柱と角柱の二種類があり、その用法は厳密に決まっていた。近代になって、その規定を心得ない建築家によって乱れが生じてきたが、社寺建築の本質からすれば、乱れは許されない。

神社・寺院ともに、円柱は正式な柱で、角柱は略式な柱である。その理由については、円柱は角柱から成形されるからだ。まず、原木を完全な正方形断面の角柱に成形し、次にその四隅の角部を削り落として正八角柱に成形する。さらに角部を削って正十六角柱にし、その角部を丸めて漸く円柱に仕上げる。角柱から円柱に成形する工程で削り落とされてしまう木材の体積は二一・五％にもなり、手間も圧倒的に掛かる。円柱が高価で格式が高いのは当然であろう。

さらにそうした成形方法が採られることにも理由がある。天然の材木は円形断面であるが、それは正円ではなく、少し歪《いびつ》な円であるし、根もと（元口《もとくち》という）は太いが、上の方の材端部（末口《すえくち》という）にいくにつれてしだいに細くなる。また樹皮に近い部位では表面に大きな凹凸があって、そのままでは円柱として使えない。したがって、原木から正確な円柱を削り出すことになる。その際にまず角柱に成形されるのは、江戸時代以前の伝統的技術では、歪な原木から一気に正確な円柱を成形できなかったからだ。角柱は直角定規で計測しながら正確に成形できるので角柱から仕事を始めて、正確な多角柱に順次成形して、正円の円柱を得るしか術がなかった。現代ではコンピュータ制御の製材機でいとも簡単に原木から直接に円柱を削り出せるが、当時の工作道具であるチョウナを用いて、ひとかけらずつ欠き飛ばしていく工法では無理であった。

柱は芯去り材　円柱の成形工程で、角柱から始めることには、もう一つ重要な理由があった。それは、幕末以前の社寺建築の柱には、芯持ち材が使われず、芯《しん》去《さ》り材が主に使われたからである。

生育中の樹木は多量の水分を含んでいるが、それが伐採されて建材にされると、水分が蒸発して失われ、その結果、かなりの乾燥収縮をするのである。材木の乾燥収縮はその表面から始まる。ちょうど正月の鏡餅にひび割れが生じるのと同じで、表面から水分が蒸発して、表面近くは乾燥収縮するが、表面から深い内部では水分がまだ残っているので収縮しない。表面が縮んでも内部は縮まないので、表面からひび割れが始まり、内部の乾燥が進むにつれて中心部へ向かってひびが伸張していく。木材は餅とは違って、同心円状に年輪があり、その年輪の色の濃い部分（秋材）は、色の薄い部分（春材）より緻密で強いため、ひびが年輪の一ヵ所を断ち切ると、年輪の円周方向に引き合って、その最初のひび割れを拡大させるが、ほかの場所ではもはや年輪が破断されることはない。結局、材木のひび割れは、年輪の中心、すなわち樹芯に向かって一本だけ生じるのである。

成形した柱にも乾燥収縮が生じるが、その樹芯が柱の中にあれば、芯に向かって一本のひび割れが発生する。樹芯が柱の中になければ、年輪はすべて両端で破断しているので、収縮してもややゆがむだけで、ひび割れは生じないのである。

乾燥収縮によるひび割れは見苦しいので、幕末以前の社寺建築の柱では、樹芯を外した芯去り材が使われ、樹芯をもっている芯持ち材はあまり使われなかった。芯去り材の柱を得るには、大木を二つに割って半円形にし、それを角柱に成形する。したがって、芯去り材の円柱を得るためには、角柱から成形するしかない。

実際の社寺建築では、特別に太い円柱が必要になるが、それを完全な芯去り材とするには相当な巨木を使わなければならない。たとえば、直径一尺（約三〇センチ）の柱を取るためには、直径二尺二寸（約六六チセン）の大木が必要になり、これでは用材確保が困難になってしまう。芯持ち材なら、一尺四寸（約四二チセン）の原木で十分である。実際の社寺建築では、柱の中心から一方に芯を寄せた、芯持ち材と芯去り材の中間のような材木も多く使われており、表面から芯までの距離が短いので、ひび割れが生じたとしても、大きく割れ口を開けることはない。

なお、明治以降になると、芯去り材を調達するよりも、芯持ち材に背割《せわ》りを入れることで太い円柱を確保する方式に変わってしまった。芯持ち材の柱の一ヵ所に背割りというノコ目を樹芯まで入れておくことにより、年輪を破断し、背割り以外の部位にひび割れが生じるのを防止するのである。乾燥収縮が収まった後に、収縮で大きく口を開いた背割りの溝を別木で埋めて隠すが、注意して見ると、背割りを埋木《うめぎ》した痕が分かるであろう。

神社本殿の各部意匠

続いて神社本殿の重要な部位の意匠について記しておく。

横板壁

社寺建築の壁といえば、伝統的な白い漆喰《しっくい》仕上げの土壁が連想されるが、神社本殿の壁は、厚くて幅の広い板を横方向に嵌《は》めた横板壁《よこいたかべ》に限られる。円柱に縦溝（板決《いたじゃくり》）を彫って、その溝に上から板（羽目板《はめいた》・決板《しゃくりいた》という）を落とし込んだものである。板を嵌め込んだ壁なので、板羽目《いたばめ》ともいう。板厚は七分〜一寸（二・一〜三㌢）ぐらいで、板幅は一尺以上のものが標準である（図7参照）。

横板壁は日本古来の宮殿の壁であって、神社建築に応用されたものである。神社本殿には、寺院建築で一般的に用いられる土壁や、唐様《からよう》（詳しくは後述）の禅宗仏殿などで用いられる縦板壁は、使われない。例外は珍しく、滋賀県の国宝本殿である御上《みかみ》神社本殿（野

図7　横板壁（日吉大社白山宮・滋賀県）

洲市）・大笹原《おおささはら》神社本殿（同）が土壁である。また、出雲大社本殿は縦板壁であるが、寛文七年（一六六七）に現在の本殿の形式に建て替える際に、巨大本殿の構造補強のために柱に貫《ぬき》を新たに通したので、横板壁を嵌めることができなくなって、貫を挟んで縦板壁を二重に張ったものである。

板　扉

日本の伝統的な建具といえば、左右に引く障子や襖などの引き戸であるが、神社本殿の身舎（内陣）の正面には、外開の板扉《いたとびら》二枚を吊る。古い形式のものでは、厚さ一寸を超える分厚い板で作られた素朴で重厚な板扉である。一枚板の例もあるが、それではあまりにも大材になってしまうので、二、三枚の板を縦に接《は》ぎ合わせて扉の本体を作り、扉の上下に端喰《はしばみ》という扁平な台形の横板を入れて、扉の板が歪まないように固定する。正面から見て右側の扉には、定規縁《じょうぎぶち》という縦材を表側に取り付けて、左右の扉の召し合わせの隙間を隠す。したがって、神事の御扉開《みとびらびらき》では、向かって右側の扉から先に開くことになる。

扉の片側の端部は、上下に短い円柱形の突起（軸）を伸ばし、その突起を上下の長押《なげし》や幣軸《へいじく》などに空けた穴へ差し込んで、扉を回転できるようにしたもので、軸吊《じくづり》（軸摺）という。扉の板を伸ばして軸を作り出しているため、軸のところで扉板が縦に裂けてしまいやすく、それを防ぐために八双《はっそう》という飾り金具を取り付けて補強する（図8参照）。

図8　八双（日吉大社東本宮）

軸吊の穴は、通常は上下の長押に開けられる。穴の周囲は、補強と装飾のために金具を打つ。とくに格式の高い本殿では、円柱あるいは方立《ほうだて》（柱間がとくに広い場合に、扉口を適宜に狭めるため円柱とは別に立てた細い角柱）と内法長押で囲まれた扉口に幣軸という額縁のような部材を嵌め込み、幣軸に上側の軸吊穴を開ける（図9参照）。幣軸を付けると扉口が引き立ち、格調が高くなる。近畿地方の神社では使用例が多いが、地方の神社では少ない。

軸吊の重い板扉であるため、その開閉の際には扉が傾《かし》いで、ぎいい、と摩擦音が響き渡る。一般の住宅で扉の開閉時に音がしたのでは欠陥建築であろうが、神事では、この音は扉を開閉している所作の合図として必要である。本殿の扉の開閉中には、参列者は低頭することになっており、扉を直視してはならないからである。

後世の建具

江戸時代以降、とくに明治以降になると、板扉に代わって桟唐戸《さんからど》の使用も増えてくる。桟唐戸は唐様の扉で、縦横の框《かまち》（扉の外枠）と桟を骨組みとして、薄い板を桟の間に入れたものである。華麗で軽量であり、細い部材で組み立てられ大材を必要としないので、寺院建築では、室町時代以降に流行したが、唐様すなわち中国式と見なされたことや、軽いので開閉時に軋む音がしないことなどにより、有力な神社ではほとんど採用されなかった（図10参照）。

また、人が参入する外陣に建具を付ける場合には、原則として板扉は使われず、引き違いの格子戸や跳ね上げて開く蔀《しとみ》が使われた（図11参照）。俗世の住宅（寝殿造や書院造など）の建具に準じたもので、神の空間と人の空間の違いが明示されている。江戸時代や明治時代の地方の神社本殿では、内陣正面にも蔀を使った例が少なくないが、高価な板扉の代用として使われたらしく、のちに板扉と取り替えられた例も少なからずある。

古式な流造の三間社では、正面の中央間だけを扉口として、ほかの柱間はすべて板壁であった。原則として祭神が一柱（または一群）であったので、出入り口は一ヵ所だけでよかったからだ。しかし、南北朝時代以降になって全国で建立された鎮守社では、三間社の

図9　幣軸（日吉大社西本宮）

図10　桟唐戸

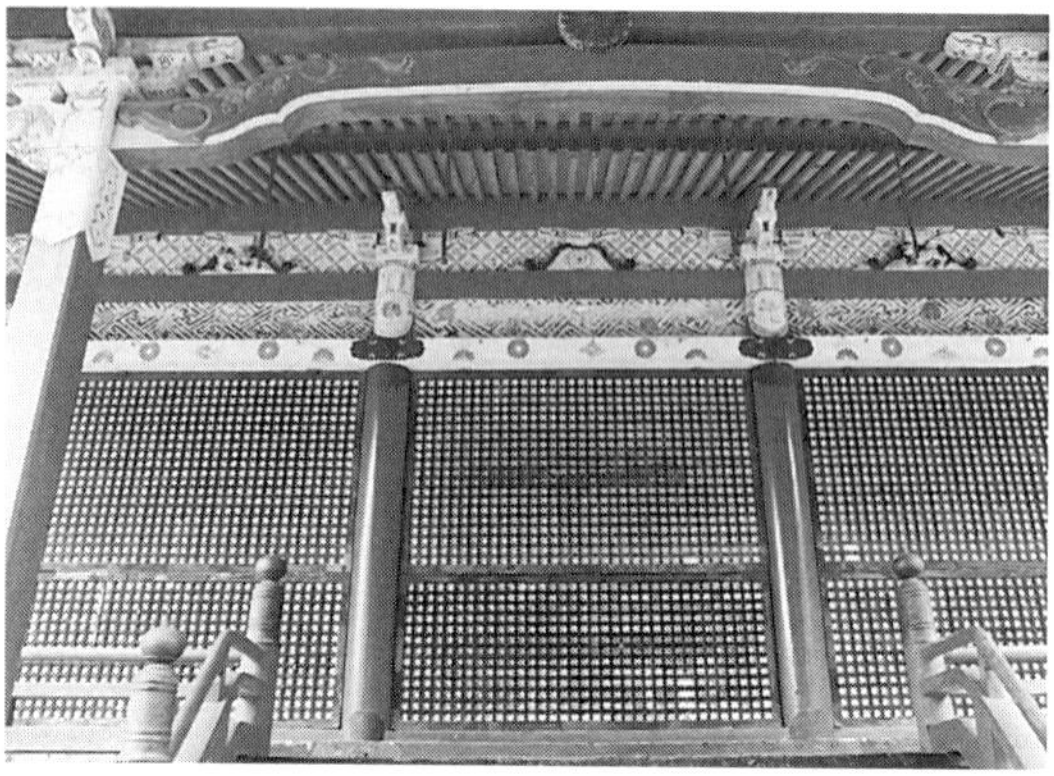

図11　蔀（柞原八幡宮本殿・大分県）

図12　本殿側面の通用口

本殿に八幡三神など複数の神を祀るものが多く、正面に三つの扉口を並べる本殿が一般化した。また正面以外に、本殿内陣への通用口として側面にも戸口が設けられるようになった。この時期になると、三間社の本殿では、内陣の奥に三つの扉口を並べた内々陣を区画したり、複数の玉殿を安置したりして複数の祭神に対応するとともに、内陣内へ人が参入できる平面形式が一般化したので、人のための通用口が必要となったのである。この通用口は片引き戸（板戸）が普通である（図12参照）。

なお、外開は神社および寝殿造邸宅の扉の基本であるが、これについては後述する。

組物　社寺建築では、柱の上に組物《くみもの》という複雑な木組みを置いて、飾りとしている。飾りとはいえ、屋根の重量をすべて受けて、下の柱へ伝達しているので、大切な構造材でもある。組物は中国名を斗栱《ときょう》といい、中国の漢代に発明され、中国の宮殿建築の部材として発展し、中国の仏教寺院や道観（道教の施設）にも応用された。日本へは六世紀後期に仏教建築として伝来したもので、当初は寺院建築に使用が限定されたが、平安時代後期になって、その装飾性から神社本殿にも使われるようになった。鎌倉時代後期には、組物を使用する本殿が急増したと考えられる。したがって、古くからの形式を忠実に継承した少数の有力神社を除けば、現存するほとんど全部の神社本殿には組物が使われている。

江戸時代には、組物はもはや仏教建築の基本的要素ではなく、日本の社寺建築全般の基本的要素へと変容していたが、そうした歴史的変化の意義を十分に考慮することなく、明治政府は組物を仏教建築と決めつけ、神社本殿から組物を排除するように通達している。明治政府が推奨したのは、賀茂神社（賀茂別雷《かもわけいかづち》神社と賀茂御祖《かもみおや》神社の総称、二十二社・山城一宮、京都市）の流造本殿であって、それに従って組物のない古代の形式（ただし舟肘木《ふなひじき》という最も単純な組物の一種を使用）に復古された流造本殿が全国に散見される。

さて、組物の主要な構成部材は、斗《ます》（古くは「枡」や「桝」と書くのが一般的）と肘木《ひじき》（中国名は栱）の二つである。斗は直方体の下部を斜めに曲面で抉《しゃく》り取ったもので、四角いので日本では米を量る升の形を表す「ます」と呼ばれた。宮大工さんは組物を枡組《ますぐみ》と呼ぶのが普通である。肘木は短い棒状の部材で、下端を船の底のような緩やかな曲面に削ったものである。

この斗と肘木を組み合わせて、多種の複雑な組物が作られる。その接合には釘は使われない。肘木の上端と斗の底には浅い小さな角穴を開けておき、ダボという小さな木棒を差し込んで肘木の上に斗を固定する。斗の上部には太い溝を彫り込んで肘木をそこに嵌め込んで載せる。こうした作業を繰り返して組物ができあがる。組物の一番下すなわち柱に直接に載る大きめの斗は、大斗《だいと》と呼ばれる。

組物の種類

組物はその形状から多くの種類に分かれる。単純なものから挙げると、舟肘木・大斗肘木《だいとひじき》・大斗絵様肘木《えようひじき》・平三斗《ひらみつど》・出三斗《でみつど》・出組《でぐみ》（一手先《ひとてさき》）・二手先《ふたてさき》・三手先《みてさき》である。神社本殿の大部分を占める流造・春日造といった切妻造系の本殿形式では、桃山時代まではこれらの組物のうち舟肘木・大斗肘木・平三斗・出三斗しか使われず、江戸時代以降になって出組が加わり、そして江戸時代後期になってすべての種類の組物が使われるようになった。平安時代後期に現れた入母屋造の本殿では、複雑な組物の導入が少し先行する。

舟肘木は、肘木一本だけの形式（図13参照）で、斗を加えないので、厳密には組物とは言い難い。中国から伝来したものではなく、日本において奈良時代頃に創始されたようである。飛鳥時代末期の創建と考えられる伊勢神宮正殿や大社造の古式を守る神魂《かもす》神社本殿などでは、舟肘木すら使われていない。流造や春日造の本殿のうちの古式な例では、舟肘木が使われている。

大斗肘木は、舟肘木の下に大斗を加えた組物である（図14参照）。実例は少ない。江戸時代になると、肘木の表面に渦巻きなどの装飾彫刻を施した絵様肘木（雲文を彫ったものは雲肘木《くもひじき》とも呼ばれた）を大斗肘木に応用した大斗絵様肘木が現れ、摂末社の流造本殿に使われている。

平三斗は、大斗肘木の上に斗を三個並べた組物である。平三斗の肘木と直交して、虹梁《こうりょう》（社寺建築に使われる装飾的な梁）が大斗上に組み込まれることが多く、南北朝時代以前はその虹梁の尻を撥形《ばちがた》にした鯖尾《さばのお》が平三斗から突き出す（図15参照）。室町時代以降になると、鯖尾を拳鼻《こぶしばな》という唐様の装飾部材に変えるのが一般化する（図16参照）。拳鼻は渦巻きが彫られるのが普通である。

図13　舟肘木（土呂八幡神社本殿・愛知県）

図14　大斗肘木（宇奈多理座高御魂神社本殿・奈良県）

出三斗は平三斗の改良型であって、室町時代以降になると流造では出三斗が一般化していった。大斗上に二本の肘木を十文字に組み、その上に最大で五個の斗（内側では斗が省略されることもある）を載せた形式である（図17参照）。なお、虹梁は斗の上に組み込まれるので、その尻はわずかに見えるだけである。組物を出三斗とした場合でも、妻面の中央の柱上では、組物に直交する虹梁がないので、必然的に平三斗となる。

出組は、出三斗の外側に突き出した斗の上に、壁と平行に肘木をさらに加え、その上に

図15　平三斗（鯖尾つき，平清水八幡宮本殿・山口県）

図16　平三斗（拳鼻つき，桂濱神社本殿・広島県）

図17　出三斗（三郷八幡神社本殿・和歌山県）

図18　出組（多治速比売神社本殿・大阪府）

斗を三個載せた組物である（図18参照）。出組より簡略な組物では、桁が柱の直上に位置するが、出組では桁が柱の位置より斗一つ分、外側へ持ち出される。斗の持ち出しを手先といい、斗一個が持ち出されるので、一手先ともいう。出三斗と比べて圧倒的に複雑な組物となって装飾効果が大きいが、流造など切妻造系の建築には応用しにくかった。

出組の応用

出組が流造本殿に使われるようになるのは、江戸時代の十七世紀後期まで後れる。入母屋造本殿での出組の使用が室町時代まで遡るのと対照的である。その原因は、流造の妻面には虹梁はあるが桁がないからだ。出組が持ち出すべき桁がないため、流造では出組が採用できなかったが、江戸時代になると、桁の代わりに妻の虹梁を持ち出すことが考案された。虹梁は柱の直上に掛け渡すものという、飛鳥時代以来の常識を覆す大発明であった（図19参照）。出組によって持ち出された妻の虹梁は壮観であって、十八世紀には大坂の宮大工が中心となって、全国に流布している。

出組が流造に応用されると、二手先・三手先へと進展する。二手先は出組の上にさらに肘木を加えて、桁を柱の位置より斗二つ分、外側へ持ち出したものである。三手先は斗三つ分を持ち出す。三手先では、肘木のほかに尾垂木《おだるき》という斜め材を組み込むのが一般的である（図20参照）。三手先の採用は幕末の十九世紀になってから広まったが、採用例はあまり多くはない。

千木・鰹木

屋根の頂部である大棟《おおむね》に取り付けられた飾りで、本殿の象徴にもなっている。千木《ちぎ》は二本の部材を交差させて作ったXの字形のもので、一対を大棟の両端に取り付ける。鰹木《かつおぎ》（堅魚木・勝男木とも書く）は少しだけ中央部を膨らませた短

図19　出組による流造の妻虹梁の持ち出し

図20　三手先（大滝神社本殿・福井県）

い円筒形で、大棟の上に二本から四本、伊勢神宮正殿では九本・十本を並べる。千木・鰹木ともに本来は木製であったが、直接に風雨に晒されるので、今日では表面に銅板が貼られる（図21参照）。

千木・鰹木はすでに古墳時代の宮殿建築に用いられており、古墳から出土する家形埴輪の屋根にも付けられている。『古事記』にも現れ、千木は「氷木」や「氷椽」と書かれ（後世には「比木」とも書かれ）、「ひぎ」と読まれているが、発音しにくかったので平安中期以降に「ちぎ」と訛ったようである。鰹木は『古事記』に「堅魚」と書かれているが、近代には勇ましく勝男木と書かれることが多い。さて、煩雑かもしれないが、『古事記』の千木・鰹木の記事を紹介しておこう。

まず千木は大国主命《おおくにぬしのみこと》の神話に二ヵ所登場する。大国主命が天孫《てんそん》（皇室の祖神）に国譲りをする交換条件として、皇室と同じ宮殿を造って祀られることを要求した場面では、「底《そこ》つ石根《いわね》に宮柱《みやはしら》ふとしり、高天《たかま》の原《はら》に氷木《ひぎ》たかしりて」とあって、『古事記』編纂時以前の天皇の住居の屋根には天に届かんばかりに聳える千木が飾られていたことが分かる。しかし、当時の千木は、後の神社本殿に見られるような、大棟上に置かれた千木（区別するときは置千木《おきちぎ》という）ではなく、屋根の端部につけられた破風板の頂部が屋根を突き抜けて出たものであった。伊勢神宮正殿など神明造ではそうした古式の千木が今でも使われている（図22参照）。大国主命を祀った出雲大社でも、鎌倉時代までは古式の千木が使われていた。しかし、千木が屋根を突き抜けると雨仕舞いが悪く、また、後世になって破風板の幅が太くなり、反りがつくようになると、千木と一体成形しにくくなり、置千木へと

図21　千木と鰹木（仁科神明宮本殿・長野県）

図22　古式の千木（仁科神明宮本殿）

変化したものと考えられる。

鰹木は『古事記』の雄略《ゆうりやく》天皇の事績に登場する。雄略天皇が河内《かわち》に行幸したときに、「堅魚《かつお》を上げて舎屋《や》を作れる家」を見つけ、それが志紀《しき》の大県主《おおあがたぬし》の家と知って、「奴《やつこ》や、己が家を天皇の御舎《みあらか》に似せて造れり」と激怒した場面である。当時は鰹木が天皇の御舎すなわち皇居だけに許された皇位の象徴であったことが分かる。これに先行する古墳時代の家形埴輪でも、首長の住居と考えられる主屋だけに鰹木が上げられ、付属屋には鰹木がない例（群馬県の茶臼山古墳出土の家形埴輪群）があり、鰹木が早くから特別な権威の象徴であったことが確認できる。

そうした歴史的経緯によって、千木・鰹木は神社本殿の創始に当たり皇居に準じる高貴な建築の象徴として屋根に上げられたものである。ところが、賀茂神社（京都市）など流造本殿の古例には千木・鰹木をもたないものが少なくない。流造本殿は当初から檜皮葺であり、とくに古例では大棟に瓦積みを採用しており、千木・鰹木を取り付けにくかったものと思われる。流造本殿に千木・鰹木が普及したのは、江戸時代や明治時代の復古的な思想によるところが大きい。

男千木と女千木

千木の先端の削《そ》ぎ（殺ぎ）方には、外削《そとそぎ》（外殺）と内削《うちそぎ》（内殺）がある（図23参照）。外削は先端を鉛直に切るもので、伊勢神宮外宮《げくう》正殿に使われているため外削と呼ばれる。一方の内削は先端を水平に切るもので、伊勢神宮内《ない》宮《くう》正殿に使われている。なお、千木には、長方形の風穴《かざあな》を三つ開けることがあるが、伊勢神宮の内削では最上部の風穴が千木の削ぎ面に掛かるので、先端が二股に分かれている。

図23　外削（住吉大社第三殿・上）と内削（神魂神社本殿・下）

伊勢神宮外宮は男神とされ、内宮は女神の天照大御神なので、外削は男神に使われる男《お》千木《ちぎ》、内削は女神に使われる女《め》千木《ちぎ》という説が広まっていて、伊勢に参るとよく聞かされる。しかし、実際の大多数の神社では、男神・女神にかかわらず外削が使われている。材木を横に切断した木口《こぐち》は樹木の動管《どうかん》が開口しているので水が染みこみやすい。内削では木口が上を向くため雨水が染みこんで腐る原因となるので、正しい木材の使われ方としては外削が推奨される。したがって外削が圧倒的に多いのであろう。また、外宮の祭神の豊受《とようけの》大御神《おおみかみ》は女神の豊宇気毘売神《とようけびめのかみ》であるとする説もあるし、日御碕《ひのみさき》神社（島根県）では男神に内削、女神に外削が使われている。よって男千木と女千木は俗説なのである。

塗装（彩色）

社寺建築の木部は赤色に塗られることが少なくない。この赤色には二種類がある。明るい朱色は鉛丹《えんたん》（光明丹《こうみょうたん》）で、四三酸化鉛という化学物質を主原料とする。丹塗《にぬ》りは本来、硫化水銀を使うものであるが高価であるため、建築の丹塗りは一般的に鉛丹塗りのことである。ただし、空中の二酸化炭素と化学反応をして白色になりやすく、十年から二十年ぐらいしかもたない。

もう一種類は、やや暗い赤色の紅殻《べんがら》（弁柄）で、三二酸化鉄を主成分とする。鉛丹に比べて安価であり、はるかに耐久性があるので、現在では、とくに地方の神社本殿には多用されている。桃山時代になると、漆《うるし》に紅殻を混ぜた朱漆《しゅうるし》塗りも始まった。とくに社格の高い神社では、本殿をはじめ拝殿や神門にまで朱漆塗りが施されるようになった。

なお、鉛丹による丹塗りは明治後期以降に広まったものらしく、江戸時代以前は紅殻塗り、中世以前は天然の紅殻である土朱《どしゅ》（朱砂）塗りが全国的に主流であったと考えられる。

彩色の仕方は寺院と同じで、おおまかな規則がある。一般例を示すと、柱・長押・組物・虹梁・垂木といった主要部材を赤色に、木口を黄土色に、壁板や垂木裏板などの板類を白色に塗る。扉は赤色が多いが、黒色とされることもある。蔀は黒色である。蟇股は両脚を赤色、脚内部の彫刻を緑青とすることが多い。脇障子の上につける竹《たけ》の節《ふし》という飾りは黒色である。本殿には窓を付けることは珍しいが、窓の連子《れんじ》（縦格子）は緑青、窓枠は黒色や赤色である。

神社本殿は古くは彩色をせずに白木造であったが、奈良時代以降になると、寺院建築の影響を受けて、彩色がされるようになった。平安時代後期になると、主要な本殿は彩色を施されるのが通例となった。その頃では、社寺の別なく、彩色は高貴な建築の証となっていたのである。したがって、流造では、古式な賀茂神社は別として、平安末期以降の主要な例はほとんどが彩色をされている。そして、桃山時代になると、組物や蟇股などを極彩《ごくさい》色《しき》とする豪華な本殿が流行した。

江戸時代になると、唯一神道《ゆいいつしんとう》に基づく復古主義がしだいに広まり、神社は白木造が正統であるとされ、大社造の出雲大社では寛文七年（一六六七）の造替の際に古代の白木造に復古された。この復古には、伊勢神宮が往古から白木造を厳守してきたことを賞賛し、彩色は仏教寺院の手法であると短絡的に断定してしまった、復古主義神道家の唱道があった。

しかし、鎮守社以上の流造本殿の大部分は、江戸時代を通じて彩色がなされていた。ところが明治時代になると、神仏分離に伴って、彩色は仏教建築の手法と断じられてしまい、本殿の彩色を流し落としたり、塗り直しをせずに剝落するままに任せられたりした。優美な朱塗りの社殿で著名な厳島神社でも、明治の初めにすべての彩色が掻き落とされて、古びた白木造の姿にされてしまった。現在の朱塗り（鉛丹塗り）は明治末期の国宝修理によって、復元（鉛丹は推定）されたものである。流造本殿の現状では、文化財指定になっているものは彩色が復元されているが、未指定のものは彩色が落ちてほとんど白木に見える。もちろん明治以降に建てられた本殿はほぼすべてが白木造である。

流造本殿の構造と意匠

ここで、神社建築を理解していただくために、一般的な神社本殿の建築的特徴を記しておきたい。一般的といえば、本殿総数の約六割を占める流造（図24参照）という本殿形式である。

流造の本殿

流造は、身舎の正面に庇を設けただけの素朴な本殿形式である。切妻造・平入の身舎の正面に庇を付け、正面側の屋根を庇に向けて伸ばした形式であって、屋根が正面に向かって長く流れているので、流造という。すなわち、側面から見ると、「へ」の字形の屋根になっている。

流造の本殿も年代や地域や社格や経済力などの差異によって規模や意匠がさまざまであるが、標準的な例、すなわち中世・近世に建てられた鎮守社級の流造本殿について、解説

図24　流造（宇奈多理座高御魂神社本殿・奈良県）

しておきたい。今日、全国各地で見られる神社本殿を理解する上での基準となるからである。

流造の平面と構造

中世や近世の流造本殿では、身舎は一室または二室で構成されている。一室のものが古式であり、二室のものは室町時代以降に流行した新式である。

流造の庇の形態には、二種類がある。平安時代以前の古い形式を踏襲した場合では、庇の内部に、高床式の身舎へ登るための階段が設置される。神社本殿の階段は木造が原則であって、しかも一段ずつが一木で作られた重厚で素朴なものである（図25参照）。木階《きざはし》と呼ばれた。一間社であっても三間社であっても、木階の幅は原則的には一間である。庇は木階の雨よけの屋根であり、また木階下から神に拝礼する場でもあった。鎌倉時代後期以降に全国的に流行した新しい形態では、身舎より少しだけ低く板敷の床を庇一面に張って、そこを外陣とするものである（図26参照）。村の鎮守社に多く見られ

図25　木階（吉御子神社本殿・滋賀県）

図26　庇を外陣とした流造（桂濱神社本殿・広島県）

る本殿形式であって、その外陣は拝殿の代用とされ、祭礼や参拝に際して俗人の着座の場とされた。拝殿を建てる余力のない中小の神社において、本殿に拝殿付設は合理的であった。別の観点からすれば、地方神社の檀那（護持者）の多くが在地領主であって神職以上の権力を有していたため、彼らが社参した際には、本殿の木階下ではなく、殿上にて拝礼をするようになったからであろう。そうした外陣では、柱だけを立てて、外壁や建具を設けずに吹放ちとされることも多い。庇が外陣に転用されるようになると、階段は庇の外側に設置された。滋賀県の本殿では、その階段にさらに雨よけの向拝を設けた、すなわち二重に庇を連ねた独特の形態の流造が見られる（図27参照）。

ここからは、流造本殿の各部について、詳しく述べていくことにする。

円柱と角柱の使い分け

さて流造本殿では、本来の神の専有空間であった身舎を円柱で造り、正面階段の雨よけである庇を角柱で造る。先述したように、身舎に円柱を使うのは、それが正式な柱であって、神を崇敬するために不可欠であるからだ。逆に庇に角柱を用いるのは、神の専有空間ではなく、俗人が近寄る部位であるので、神に対して謙る意を表現したものである。それを円柱としたら建築意匠上の間違いとなる。

室町時代中期以降になると、流造本殿の身舎の円柱には、手抜きが始まる。床下では円柱に仕上げずに、八角柱でやめてしまう例が出現し、江戸時代になると、ほとんどの流造

図27　向拝付きの流造（大行社本殿・滋賀県）

本殿の床下が八角柱となる。もちろん、床より上は円柱に仕上げてあって、八角柱に円柱を継いだものではなく、床下から床上までが一木の柱である。また、身舎の内部でも、八角柱（時には四角柱）までの成形（したがって、八角形のうちの五角が室内に残る）で仕上げを中止することが始まり、江戸時代になると普遍的に行われた。

角柱は、平安時代後期になると、角に面《めん》を取るようになる。柱の角部を四五度に切取るもので、江戸時代から流行する唐戸面《からどめん》や几帳面《きちようめん》と区別して切面《きりめん》とも呼ばれる。面は、柱の角部が欠けるのを防ぐため、また角柱の成形があまり厳密でない場合でもそのゆがみを目立たなくするために有効であった。さらに、角柱を斜め四五度方向から見たときに、その対角線の長さが柱の太さに見えてしまう（一・四倍になる）が、身舎の円柱と太さが逆転してしまっては本末転倒であるので、面によって対角線方向の長さを切り縮めて、太さの逆転を防止する働きもある。そして何よりも角柱の角の鋭い尖りをなくすことによって、柔らかく優美な趣を出すことに成功している。

平安時代後期には角柱の面の幅が広かったが、次第に細くなり、明治時代になると面はほとんど消滅した（ほんのわずかだけの面なので糸面《いとめん》という）。平安時代後期や鎌倉時代の面は幅広く、八角柱としても過言ではなく、大面取《おおめんとり》と称している。柱の太さに対する面の幅の比率により、建築年代の大ざっぱな推定に使われてきた。

なお、確信犯的に庇を円柱にした室町時代の流造もわずかにある。厳島神社（広島県廿日市市）末社の荒胡子《あらえびす》神社本殿（図28参照）や窪《くぼ》八幡神社（山梨県山梨市）本殿で、格式を特に高める目的があったらしい。窪八幡神社の場合は、後述するように八幡造《はちまんづくり》との関連も考えられる。明治以降の流造本殿で庇を円柱とした例は、誤りというべきであろう。

長押

長押《なげし》は横方向に使われる構造部材で、柱の表面に太い鉄の釘《くぎ》で打ち付けて、柱が倒れないように固める役割を果たす。長押の使用は奈良時代に始まったので、飛鳥時代末期に起源が遡る伊勢神宮正殿や大社造《たいしゃづくり》の古形式を守る神魂《かもす》神社本殿

図28　円柱の庇（厳島神社末社荒胡子神社本殿・広島県）

図29　流造本殿の内法長押と縁長押
（宇奈多理座高御魂神社本殿・奈良県）

（島根県松江市）などには長押は使われていないが、奈良時代に創始されたと考えられる流造本殿では、すべての例で長押が使われている。

流造では、長押は身舎の四周に廻らされており、しかも、戸口のすぐ上に打たれる内法《うちのり》長押と、廻縁《まわりえん》の縁板の上に打たれる縁《えん》長押（切目《きれめ》長押）という少なくとも二種の長押があって、強固に柱を固定している（図29参照）。神社本殿の長押は断面積も太い構造材であるが、書院造《しょいんづくり》の座敷に使われている内法長押は薄い部材であって単なる飾りにしかなっていない。神社本殿の長押は構造材として柱を固定すると同時に、書院造の長押と同様に格式の高さを示す化粧材でもある。したがって、庇は身舎に対して格式を下げた意匠とされているので、庇の角柱には縁長押を打つことはあっても、内法長押を打つことは希である。

また、長押は、日本の二大建築様式（後述）の一つである和様《わよう》に特有の部材でもある。神社本殿は基本的に和様で造られるので、長押は本殿に付きものであると言える。

連三斗

流造本殿の端部では、桁が外側へ突き出すが、それを下から支えるために、妻側へ斗一つ分を余分に延長させた連三斗《つれみつど》という組物が使われた（図30参照）。鎌倉時代末期以降の流造では、連三斗はほぼ必ず用いられており、神社本殿に特有の組物としてもよい。寺院建築では、階段の雨よけの庇である向拝《こうはい》にだけ使われた。

流造では、身舎と庇の組物を相違させることもある。身舎を古式な舟肘木とし、庇を出三斗（両端部は連三斗）とする例は、鎌倉時代から室町時代にかけて散見される。目立つ庇に複雑で華麗な組物を用い、あまり組物が見えない身舎では、古式で質実な舟肘木とする合理性によるが、古式の採用は格式の高さの表示でもあった。また、庇では大きな面を取った角柱が用いられるので、組物の肘木の下端にも面を取るのが正式であったが（図31参照）、江戸時代になると庇の肘木に面を取る意匠はほとんど見られなくなる。

図30　連三斗（広八幡神社本殿・和歌山県）

図31　肘木の面取り（三島神社本殿・愛媛県）

軒と垂木

社寺建築の垂木は一つの見せ場である。古くは下から見えている化粧垂木だけの構造であったが、平安時代中期の十世紀になると、化粧垂木と、屋根の内部にあって屋根材を支えているが下からは見えない野垂木とに分化した。見える化粧垂木には細心の注意が払われているが、見えない野垂木は徹底的な省力化が行われた。中古材や雑木の使用は当然で、仕上げをまったくしないのを原則としており、現代の住宅のほうがはるかに上等な垂木を使っている。

社寺建築では、化粧垂木は上下二段に出すのが通例で、二軒《ふたのき》と呼ばれている（図32参照）。下段の垂木を地垂木《じだるき》といい、その先端近くに木負《きおい》という横材を載せ、その上に上段の飛檐垂木《ひえんだるき》を並べ、その先端近くに茅負《かやおい》を載せる。地垂木だけの場合は、一軒《ひとのき》という（図33参照）。

二軒は仏教建築として中国から伝来した新技法で、一軒は日本古来の技法であった。古式な本殿では日本古来の一軒が採用されたが、年代が下降すると、二軒のほうが豪華であったので、神社本殿にも採用されるようになった。流造は二軒を採用した新鋭の本殿であった。結局、二軒は高貴な建築の象徴となり、社寺建築だけに使用が限られ、俗人の建物では城の天守や御殿ですら一軒とされた。神社でも本殿は二軒とされても、俗人が使う拝殿は一軒とされるのが普通である。

垂木の間隔も建築の格式を示す重要な要素である。垂木を密に打った繁垂木《しげだるき》が高級で、疎らに打った疎垂木《まばらだるき》が低級である（図34参照）。繁垂木は、垂木どうしの間の寸法が垂木の太さと等しいか、それよりわずかに広いもので、社寺建築特有の技法である。垂木どうしの間には、裏板《うらいた》を直接に載せる。

疎垂木は垂木どうしの間が広く、裏板を支えるために、垂木の上に直交させて木舞《こまい》という細い棒材を渡している。住宅建築に用いる技法であるが、流造のうち古式な賀茂神社な

図32　二軒（伊砂砂神社本殿・滋賀県）

図33　一軒（住吉大社本殿）

図34　繁垂木と疎垂木（吉御子神社本殿）

どでは、庇に疎垂木を用い、そこが人の空間であることを明示している。鎌倉時代以降の流造では、庇も繁垂木とされる。

また、庇では面を取った角柱が使われるが、庇の垂木にも下端に面を取るのが正式であった。したがって、庇では、角柱・肘木・桁・垂木・繫虹梁《つなぎこうりょう》（身舎と庇を結ぶ虹梁）といったすべての棒状部材に面が取られ、柔らかさが表現されている。面を取らない堅くて生真面目な身舎の意匠とは好対照である。

装飾彫刻

流造本殿では、古式な例では一切の装飾彫刻は施されないが、鎌倉時代後期以降になると、次第に彫刻が加えられてくる。真っ先に加えられたのが蟇股《かえるまた》である（図35参照）。

蟇股（本《ほん》蟇股・透《すかし》蟇股）は、組物と組物の

間に置かれる中備《なかぞなえ》という飾りの一つである。平安末期の十二世紀に日本で考案された装飾部材である。カエル（「蛙」）の両脚のような形状なので、蛙股と名付けられたが、今日ではカエルではなくヒキガエルをいう「蟇」の字を使うのが慣例となっている。

この蟇股の原形は、奈良時代に中国から伝来した板蟇股である。板蟇股は蟇股と外形は同じであるが、両脚の間が詰まった頑丈な板状の部材であって、主に虹梁の上に置かれて屋根を支える構造材である。板蟇股も単に蟇股と呼ばれるが、両者を区別するときは、装飾部材の蟇股を本蟇股や透蟇股、構造材の蟇股を板蟇股という。

流造本殿では、他の形式の本殿に先駆けて、本蟇股が開発された平安末期からその応用が始まっている。流造で本蟇股が初めに飾られたのは、庇の正面であって、そこは参拝者から最もよく見える部位であったからである。全国でも平安末期の本蟇股をもつ社寺建築は四棟しかないが、その一つの宇治上《うじがみ》神社本殿（京都府宇治市）は現存最古の神社本殿で、庇には二種類の本蟇股がすでに使われている。

鎌倉時代になると流造本殿の庇には当然のように本蟇股が飾られ、南北朝時代になって身舎にも平三斗や出三斗の組物が使われるようになると、身舎の中備にも本蟇股が採用された。室町時代以降の流造では、本蟇股の多用はむしろ当たり前のことで、寺院本堂よりも本蟇股を多用する傾向が強い。その頃になると、本蟇股の両脚の間には動植物などのさまざまな彫刻で満たされ、装飾効果が大きく向上した（図36参照）。本蟇股は流造をはじめとする神社本殿の基本的な装飾となったのである。

図35　古式な本蟇股（円成寺白山堂・奈良県）

図36　彫刻で満たされた本蟇股（三郷八幡神社本殿・和歌山県）

屋根

流造本殿は、奈良時代後期から平安時代初期に始まったとされている。飛鳥時代を起源とする神明造の伊勢神宮正殿は古式な茅葺《かやぶき》であるが、奈良時代には高級な住宅建築の屋根は檜皮葺《ひわだぶき》になっており、流造本殿も檜皮葺が正式とされる。

檜皮葺は、檜《ひのき》の皮を剝《は》いで、たとえば、厚さ一ミリ、幅九センチ、長さ三〇センチのような薄い板状に切り揃え、それを一枚ずつ重ね合わせ竹釘《たけくぎ》で打ちつけて留めたものである。長さ方向のほとんどは重ね合わされ、先端の二、三センチが表面に出るだけで、結局一〇枚程度が重なった屋根ができる。それでも檜皮葺の屋根の厚みは三センチほどにしかならない。しかし、軒先が薄いと格好が悪いので、軒先だけは分厚く檜皮を積み重ねてある。したがって、檜皮葺は、屋根本体では檜皮が薄くて中空になっていて、軒先だけが厚く作られており（軒《のき》付《づけ》という）、見せかけの厚い屋根を形成している。これも見えないところを省力する合理的精神である。檜皮葺の耐用年限は三十年から四十年であるが、格段に厚く葺かれた出雲大社本殿では六十年にも達する。それでも瓦葺の半分程度しかもたず、檜皮が贅沢な屋根材である所以なのである。

ところで、檜皮葺の檜皮は一枚ずつが薄くて幅が狭く、また植物材料なので柔軟性があるため、固い瓦とは違って、曲面を作るのが容易である。神社本殿では、檜皮のそうした特性を活かして、寺院本堂とは比べようもなく複雑で優美な曲面をもった屋根が形作られている。比較的に単純な流造の屋根でも、屋根面は曲面の連続である。屋根の前後方向には、軒先をしだいに反り上げていく照《て》りと呼ばれる曲面になっている。軒先の左右方向には、両端を緩やかに反り上げる軒反《のきぞ》りがつけられる。この程度は瓦でも十分に形作られるが、屋根の両端部に作られる強い丸みである箕甲《みのごう》は、檜皮でなければ表現が難しい。屋根面の照りよりも、屋根両端の下方に取り付けられる破風板ははるかに反りが強く、両者の間をつなぐ屋根面が箕甲となる。とくに流造では、身舎と庇の境で破風板が強く折れ曲がるので、社寺建築で最も強い箕甲ができてしまう。流造の箕甲では、曲面に沿って檜皮を巧妙に回しながら葺いており、芸術的とも言える（図37参照）。

檜皮葺は瓦葺よりも高貴な屋根材とされていたので、流造はもとより他の本殿形式にも広く応用された。しかし、瓦葺よりも高価なため、地方の神社では檜皮の代わりに薄く削《そ》いだ板を使った柿葺《こけらぶき》も多用され、江戸時代の村の鎮守社では農家と同じ茅葺（この場合の茅葺は古式ではなく略式）で代用されることも多かった（図38参照）。明治後期以降になると、檜皮葺の外形を銅板で作った銅板葺《どうばんぶき》や鉄板葺が始まり、今日では神社本殿の大半が檜皮葺形の銅板葺となっている。

廻縁と脇障子

高床式の建築では、周囲に縁側が廻らされ、廻縁《まわりえん》（近年は回縁とも書く）と呼ばれる。神明造の伊勢神宮や大社造の出雲大社では、文字通り身舎の四周に廻縁が設けられるが、流造では背面を除く三面にだけ設けるのが一般的である。神社本殿の身舎正面の廻縁はとくに大床《おおゆか》と呼ばれ、祭礼の際には重要な儀礼が行われる場であった。

図37　流造の箕甲（大宝神社摂社稲田姫社・滋賀県）

図38　茅葺の流造（榊森神社本殿・広島県）

廻縁の縁板の張り方には、外壁と直交させる切目縁《きれめえん》と、平行させる榑縁《くれえん》とがある。ほとんど全部の社寺建築では切目縁が用いられ、榑縁は低級なものとして住宅建築に用いられた。一般的に切目縁は縁板が厚く、榑縁は薄いからである。しかし、榑縁のほうが古式であったらしく、伊勢神宮正殿は榑縁になっている。流造で最古式の賀茂神社本殿は榑縁で

図39　脇障子と後方の廻縁の省略（中島神社・兵庫県）

あるが、その他の例ではもっぱら切目縁となっており、榑縁は希である。

流造のように三面の廻縁の場合には、背面の隅柱のところで廻縁が途切れる。そこに脇《わき》障子《しょうじ》という衝立のような板壁を設けて、その後方に廻縁がないのを隠す（図39参照）。

本来の脇障子は住宅建築で使われたもので、長く続く廻縁の途中の仕切りであって、板壁ではなく、開閉できる片開き戸であった。流造の廻縁の脇障子は開かない板壁であるが、もし開いたとすれば、そのまま廻縁から転落してしまうので、建築意匠からすれば、開かずの戸を作ったようなもので、不可解なことである。しかし、本殿は外側を見せる建築で、とくに正面側を見せるように造られていることに注目すれば、本殿の両側に張り出している脇障子は本殿の正面からの見ばえを高める効果が大きく、本殿ならではの建築意匠と言える。

神社本殿と寺院本堂

神社本殿と寺院本堂の相違

構造上の共通点

神道と仏教という宗教上の相違があるにしても、神社本殿と寺院本堂は、ともに日本の伝統的木造建築なので、主要な構造にはほとんど変わりがない。柱・梁・桁・垂木という構造部材で組み立てられ、傾斜した屋根が被さっているという基本的形態は完全に共通している。しかし、大方の日本人は、両者を見ただけで区別できているようだ。千木・鰹木の有無といった、わずかな細部意匠の違いで区別している人も少なくはないであろうが、おそらく神社名と寺院名の違いで区別できたような気がしているだけ、あるいは神職と僧職の装束の違い、神社の鳥居、寺院の鐘楼・塔婆《とうば》（五重塔・三重塔など）、といったものを頼りに区別しているのではなかろうか。

実は、神社本殿と寺院本堂の厳密な区別は、専門家でもそう容易なことではない。明治初期になると、神社本殿の特徴として高床式・切妻造・非瓦葺（檜皮葺・茅葺など）・組物不使用・千木鰹木使用・白木造が挙げられて、寺院建築と峻別しようと試みられたが、これでは時代的な変化がまったく無視されており、また例外が多すぎて、というより例外のほうが多くて、混乱するだけであろう。

それでは厳密な区別の方法を述べようと思うが、時代によって話は異なる。両者の相違は平安時代中期までは厳然としていたが、その後は時代の経過とともに絶対的なものではなくなり、両者が互いに接近しあったため、相違は相対的で曖昧なものになったことに注意しておいていただきたい。

高床式と土間式

神社本殿と寺院本堂の区別として、まっ先に挙げられるのが、神社は高床式、寺院は土間式というものである。常識のような説に聞こえるが、これには賛同できない。

たしかに神社本殿のほぼすべては高床式であって、地面より離れた高い位置に板敷の床を設けている。江戸時代に再建された本殿では、板敷の上に畳を敷いた例も多い。しかし、重要な例外があって、日前國懸《ひのくまくにかかす》神宮（紀伊一宮、和歌山市）・生島足島《いくしまたるしま》神社（長野県上田市）（図40参照）・田村神社（讃岐《さぬき》一宮、香川県高松市）といった有力神社の本殿は土間式である。

その一方、寺院本堂（ここでは広義に金堂・本堂・仏殿やその他の仏堂の類を含める）では、法隆寺・唐招提寺・興福寺・東大寺といった平安時代中期以前に創建された古代の金堂などや、円覚寺・大徳寺・万福寺といった鎌倉時代後期から江戸時代に創建された禅宗系の仏殿などはたしかに土間式であるが、そのほかの寺院本堂は高床式の板敷か畳敷である。すなわち、神社も寺院も高床式が当たり前で、土間式はきわめて少ないのである。かえって、近年の神社拝殿では、参拝者の利便を考えて祭式を座礼から立礼に変更し、高床式か

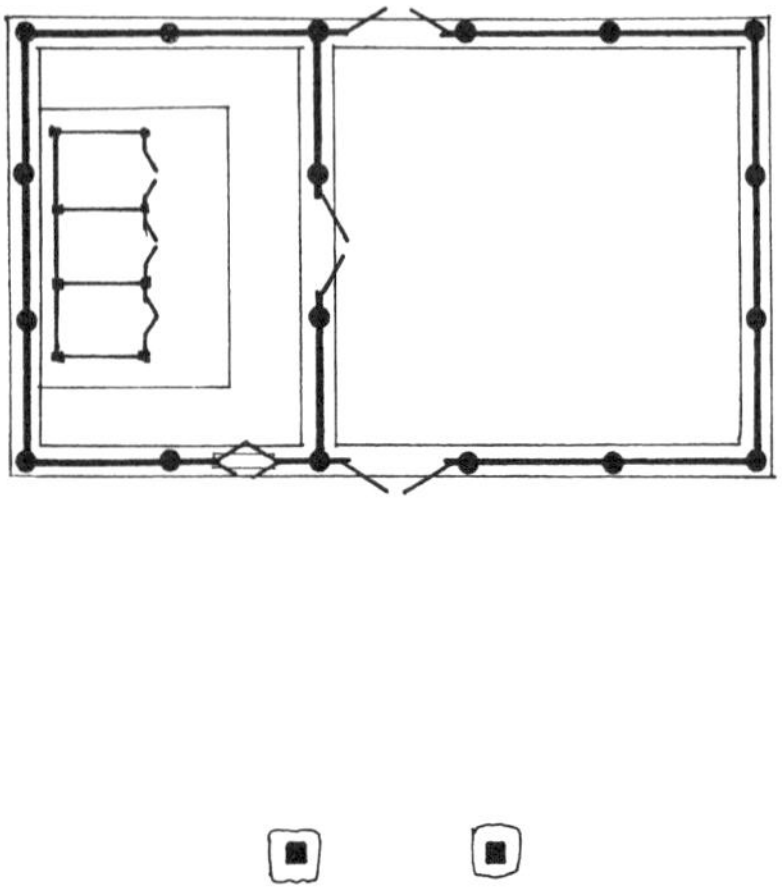

図40-1　日前國懸神宮本殿

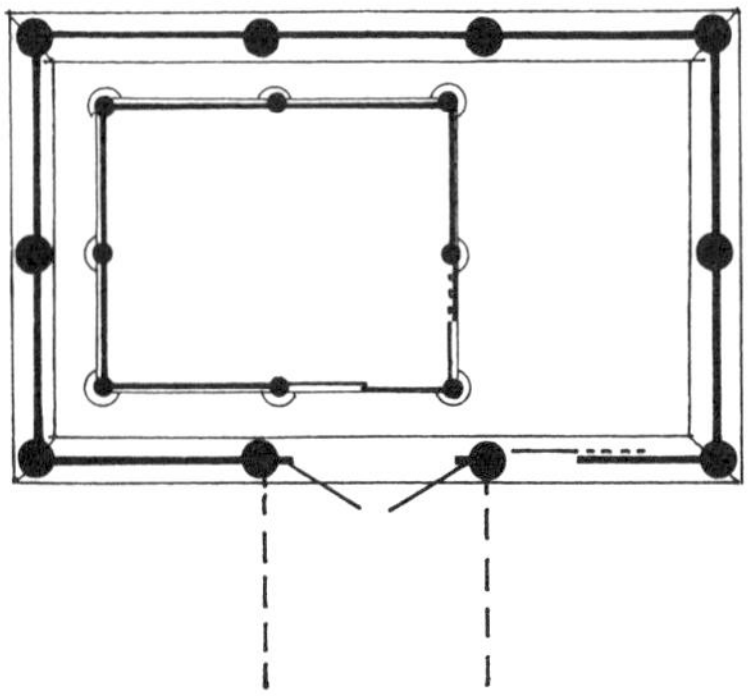

図40-2　生島足島神社本殿

ら土間式に改築する例が多くなっている。

神社の高床式と寺院の土間式という差異は、歴史的に見れば古代においては、ほぼ認められる。前掲した一部の有力神社を除き、本殿は創始以来、高床式を踏襲している。ところが、寺院では、平安時代後期以降、宇治平等院鳳凰堂や中尊寺金色堂をはじめ大多数の本堂が土間式ではなく高床式に変化してしまったのである。この寺院本堂の高床式化は、神社本殿の影響を受けたものというよりは、寝殿造や書院造といった住宅建築の影響によるものと考えられる。見方を変えれば、寺院建築の日本化といえよう。なお、鎌倉時代後期になって禅宗系の仏殿（円覚寺舎利殿など）で土間式が復活したのは、あえて元祖の中国式が志向されたからである。

掘立てと礎石立て

神社の柱は掘立て、寺院の柱は礎石立てというのも、古代においては、大筋には認められる。寺院建築では、大陸から伝来した当初から礎石立てであって、掘立柱は地方の小堂の発掘例が少しあるだけだ。

神社本殿に掘立柱を使用するのは、現代では伊勢神宮だけであるが、出雲大社本殿は慶長十四年（一六〇九）の造替以前は掘立柱であったことが文献資料に見える。全国で発掘された本殿跡、たとえば、西本《にしもと》六号遺跡（広島県東広島市高屋町）の飛鳥時代の神明造本殿跡（図41参照）や金貝《かねがい》遺跡（滋賀県東近江市）の平安前期の流造本殿跡などで掘立柱の穴

図41　飛鳥時代の神明造本殿跡（西本六号遺跡・広島県）

が検出されている。平安時代中期以前では多くの本殿が掘立柱であったと推定されるが、その後急速に礎石立てが普及したようである。掘立柱では二十年以下の短期間で柱の接地部付近が腐朽してしまうし、木材の大敵のシロアリが住み着きやすいからだ。

京都の貴族の住宅建築においても、平安前期の九世紀末までは掘立柱であって、その後に礎石立ての寝殿造が完成期を迎えており、神社本殿の礎石立て化とほぼ軌を一にする。なお、小型の本殿であった春日造や一部の流造では、暴風で本殿が吹き倒されないように安定化させるために、柱の下に太い土台（土居桁《どいげた》）が敷かれている。土台は礎石の上に載っており、そうした礎石と土台の併用も奈良時代頃から行われていたと想像される。

板壁と土壁

伝統的な社寺建築の板壁には、幅が広く（一尺以上が普通）厚い（一寸ほど）板を横方向にはめ込んだ横板壁（板羽目《いたばめ》）と、それよりやや薄い板を

図42　横　板　壁

縦に張った縦板壁とがある（図42参照）。横板壁は、柱に縦溝を彫っておいて、その溝に厚い板を上から落とし込むもので、柱間の途中で板を継ぐことはない。したがって、途中で撓《たわ》むことがないように、贅沢な厚い板が使われる。上下の板どうしは、矢筈接《やはずはぎ》という矢筈形（山形）の凹凸のはめ込みになっているので、雨風や日光は完全に止められる。高級な横板壁は檜であるが、檜の大材の枯渇により、杉や松で代用されることが多い。神社本殿の壁には横板壁だけが用いられる。

縦板壁は、柱間に横方向に渡された貫の外側に釘で打ち付ける。禅宗系の仏殿などに用いられる壁である。板の継ぎ目には目板《めいた》を打って、隙間があくのを避けることが多い。出雲大社本殿の江戸時代再建に際して新たに応用されたが、他の神社本殿では使われない。

土壁は、木や竹を格子状に編んで作った木舞《こまい》を骨組みとして、粘土や砂を混ぜた壁土を塗ったもので、寺院建築や城郭・民家に使われるが、神社建築には原則として使われず、とくに本殿には使われることがない。なお、城郭や民家では、土壁の表面の雨避けのために、薄い板を横方向に少しずつ羽重《はがさ》ねにした下見板張《したみいたばり》がなされるが、もちろん神社本殿とは無縁である。

古代の神社本殿に土壁が使われなかったのは、高床式の構造と関連があり、重い土壁を高床の上に設置するのが躊躇されたからであろう。平安時代に高床式が寺院本堂に応用されると、それらにも横板壁が使われており、それを証明している。さらに年代が下降すると、建築技術の向上によって寺院本堂は高床式の土壁建築に変化していく。しかし、神社本殿では、横板壁の伝統が現代に至るまで頑なに継承されているのである。

外開きと内開き

戸（引き戸）と扉（開き戸）は別物である。戸は横に引いて開け閉てする建具で、舞良戸《まいらど》（横に桟のある板戸）・障子・襖・雨戸などがある。扉は通常は左右一対になっていて、左右に押し（あるいは引き）開く戸である。社寺ともに扉が最高格式の出入り口の装置である。扉は古墳時代には存在したが、戸ははるかに後れて平安時代に確立したもので、後発ゆえに略式と見なされた。社寺では古式なものが格式高く、新しい形式はすなわち格式が低く考えられるからだ。

神社本殿の扉は、一部の例外（八坂神社・鹿児島神宮など）を除いて、すべて外開きである。日本のように風雨の激しい気候では、扉の外面に雨が降りかかることがしばしばで、扉についた雨水は、外開きでは室外に落ちるが、内開きでは室内に落ちることとなる。高床式の建物では、木造の床が濡れるのを嫌うので、とくに扉は外開きの方が合理的である。神社本殿だけではなく、高床式であった寝殿造の妻戸《つまど》も『源氏物語絵巻』などに見られるように、外開きの扉であった。

その一方、寺院においては、当初は内開きであった。唐招提寺金堂をはじめ奈良時代から平安時代後期の平等院鳳凰堂に至るまで、内開きが原則であった。例外は、法隆寺金堂の裳階《もこし》の中の扉ぐらいである。ところが、平安末期の十二世紀に下降すると、寺院でも外開きが当たり前となり、中尊寺金色堂も外開きである。結局、古くは神社の外開き、寺院の内開き、と対立的であったが、日本の気候に適応する外開きへと寺院建築が変化していったこととなる。寺院本堂の高床式化とともほぼ軌を一にしている。

切妻造と寄棟造

古代の寺院建築は、寄棟造の屋根が高貴とされており、唐招提寺金堂や東大寺法華堂（三月堂）正堂がその代表例であり、東大寺大仏殿も

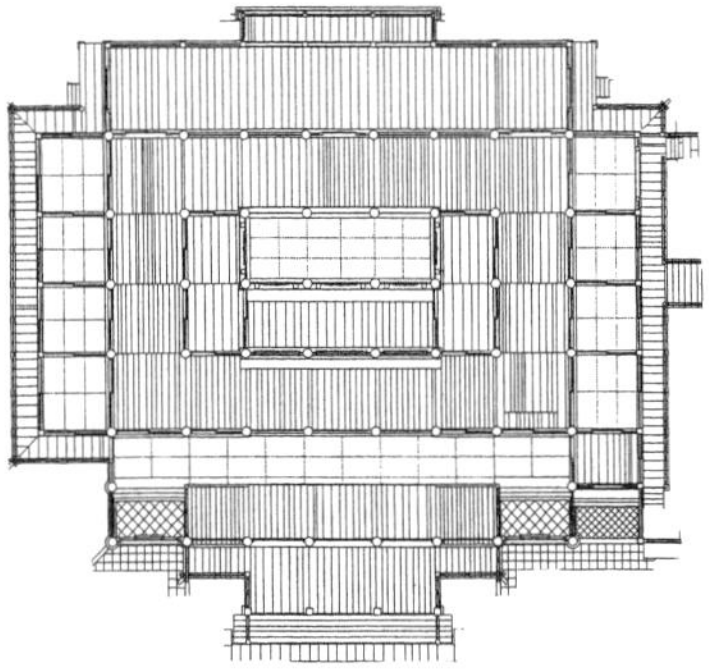

図43　八坂神社本殿

江戸時代の再建ながら天平創建の寄棟造を継承している。また、室生寺金堂・石山寺本堂・秋篠寺本堂・興福寺東金堂・清水寺本堂など歴史の古い寺院では、寄棟造が継承されている。法隆寺金堂の入母屋造は例外的存在である。古代寺院での屋根形式の序列を考えると、寄棟造・入母屋造・切妻造の順になる。たとえば、唐招提寺では、現存の金堂が寄棟造、講堂が入母屋造（切妻造であった平城宮朝集殿《ちょうしゅうでん》を移築改造）である。

ところが、神社本殿には寄棟造の例がまったくなく、神明造・大社造・住吉造のような最古の本殿形式はすべて切妻造であるし、切妻造系の流造や春日造が圧倒的多数を占める。入母屋造も古くは敬遠されたが、平安時代後期になって、八坂神社（図43参照）と北野天満宮で初めて入母屋造の本殿が誕生した。この二社の祭神は祟りをなす御霊《ごりょう》として平安時

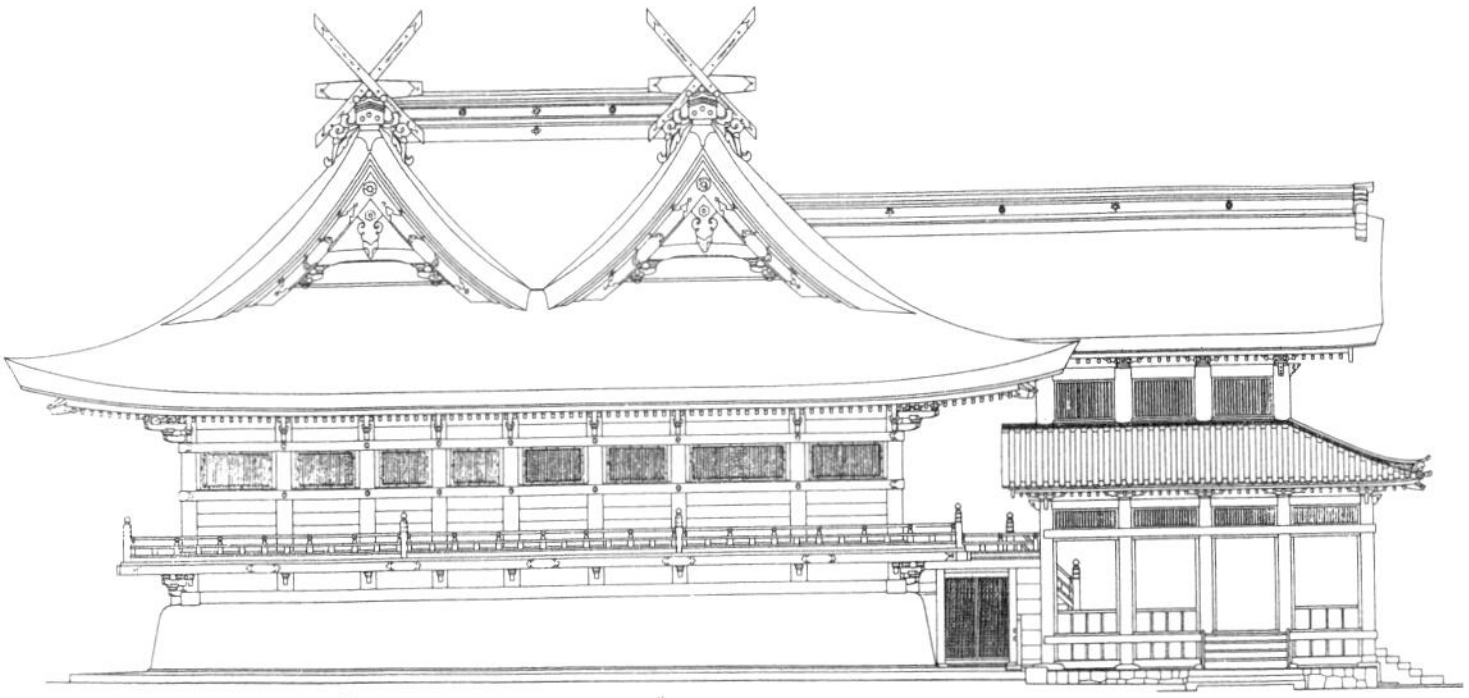

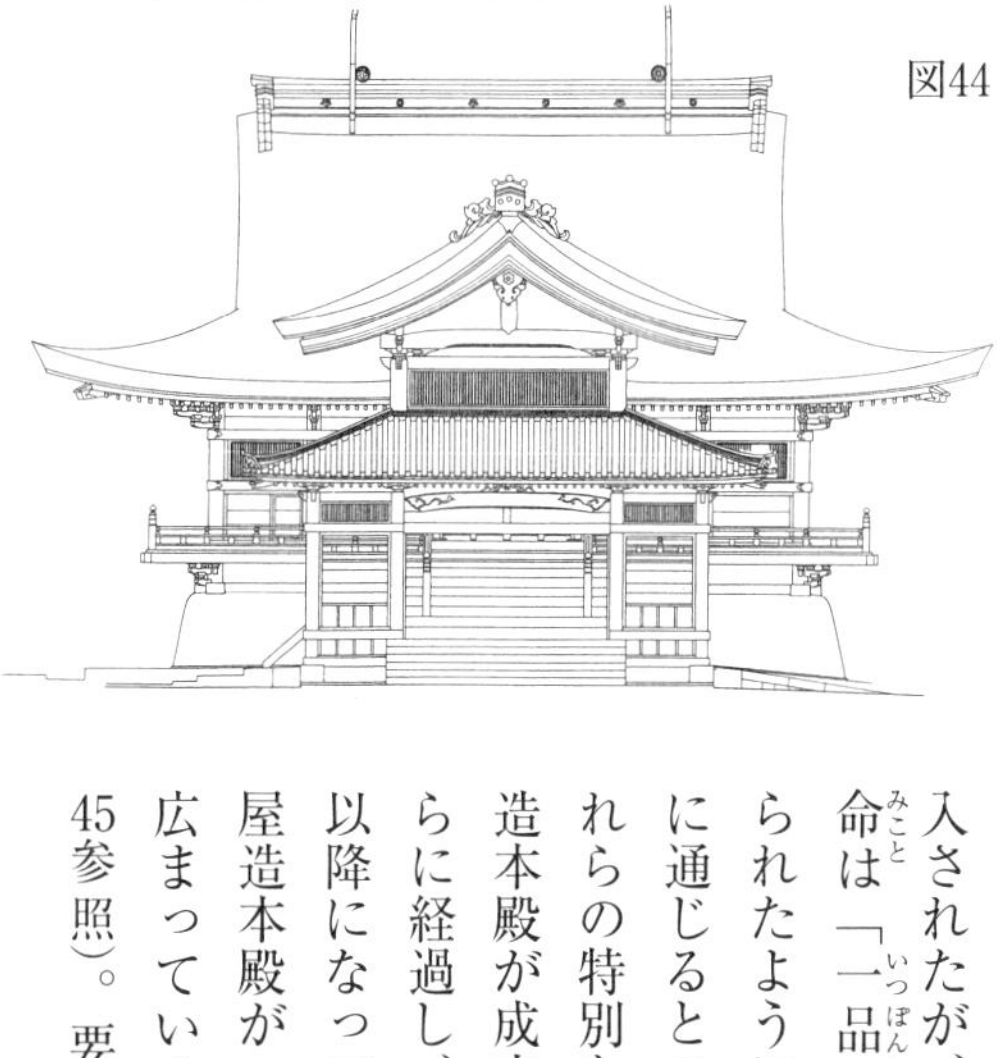

図44　備中吉備津神社本殿

代に現れた、いわば新時代の神であって、また神仏習合がとくに顕著であって、一般的な古来の神々とは明確に相違した存在であった。また、吉備津神社（備中《びっちゅう》一宮、岡山市）（図44参照）では鎌倉時代初期に入母屋造が導入されたが、祭神吉備津彦《きびつひこの》命《みこと》は「一品聖霊《いっぽんしょうりょう》」と称えられたように、前掲の二社に通じるところがある。これらの特別な神社で入母屋造本殿が成立して時間がさらに経過し、鎌倉時代後期以降になってようやく入母屋造本殿が一般的な神社に広まっていくのである（図45参照）。要するに、神社では寺院とはまったく逆に、切妻造・入母屋造・寄棟造という序列があり、とくに最下位の寄棟造だけは絶対的に忌諱されたのである。

神社建築と寺院建築の融合・接近が進むなかで、鎌倉時代後期になると、社寺ともに入母屋造が格式の高い屋根形式となり、寄棟造が格下の形式と見なされるようになった。しかるに、その時期までには、切妻造系の流造や春日造が神社本殿の普遍的な形式としてすでに認知されていたので、神社では入母屋造本殿の普及があまり進まなかったようである。

ところで、入母屋造は妻側にも軒が出るため、妻壁を雨風から守るのに有利な形式である。したがって、妻側が大きな大型本殿に対しては、切妻造系よりも入母屋造のほうが相応しく、有力な神社に応用される傾向があった。貫前《ぬきさき》神社（上野《こうづけ》一宮、群馬県富岡市）・二《ふた》荒山《らさん》神社（下野《しもつけ》一宮、栃木県日光市）・日前國懸神宮（紀伊一宮、和歌山市）・中山神社（美《みま》作《さか》一宮、岡山県津山市）・吉備津神社（備後《びんご》一宮、広島県福山市）・土佐神社（土佐一宮、高知市）・高良《こうら》大社（筑後《ちくご》一宮、福岡県久留米市）・鹿児島神宮（大隅《おおすみ》一宮、鹿児島県霧島市）・新《にっ》田《た》神社（南北朝期の薩摩一宮、鹿児島県川内市）（図46参照）などの一宮をはじめとする大社の大型本殿が入母屋造に改築されていったのである。江戸時代には一宮に倣って村の鎮守社に入母屋造が流行した地域もあり、備中・美作・備後といった岡山県西部から広島県東部にかけては日本有数の入母屋造本殿の集中地域となっている。

図45　入母屋造本殿（久麻久神社本殿・愛知県）

図46-1　入母屋造本殿（備後吉備津神社）

図46-2　入母屋造本殿（高良大社）

図46-3　入母屋造本殿（鹿児島神宮）

瓦という屋根材は、飛鳥寺《あすかでら》建立のため崇峻天皇元年（五八八）に朝鮮半島の百済を通じて伝来した。すなわち、寺院建築の要素として中国の建築様式が伝来したものである。それ以降、寺院建築の正式な屋根材として今日に至るまで使われ続けている。その日本初の瓦は、飛鳥寺から元興寺《がんごうじ》（奈良市）に移され、今もって国宝元興寺極楽坊本堂の屋根に葺かれている。近年の解体修理まで唐招提寺金堂の屋根を飾っていた鴟尾《しび》も奈良時代の瓦製である。

檜皮葺と瓦葺

それに対して日本古来の屋根材は、茅《かや》・檜皮・板といった植物製のもので、瓦に比べて軽量ではあるが耐久性のきわめて低い素材であった。しかし、住宅建築においては、寺院の僧房《そうぼう》を除いて、瓦葺《かわらぶき》は嫌われて見向きもされず、平安時代後期に隆盛した寝殿造は檜皮《ひわだ》葺《ぶき》、室町時代後期に成立した書院造は柿葺《こけらぶき》がもっぱら応用された。世俗の人が瓦葺建築に住むのは、出家して寺院に住むような感があって、忌諱されたのであろう。住宅に瓦を用いたのは、桃山時代に生まれた都市の町家が古く、防火と見栄えに優れた瓦葺は江戸時代を通じて普及し、都市の町家は瓦葺、農村の農家は茅葺というように区別することも可能である。その一方、全国各地の城内や江戸の大名屋敷では、書院造の大邸宅であったので主要な殿舎には柿葺が使われ、付属的な建物に限って瓦葺が応用されていた。ところが、徳川吉宗の享保の改革による倹約令で、維持管理費のかさむ柿葺を瓦葺に改めさせられたのである。尾張名古屋城の本丸御殿（旧国宝、戦災焼失）もそのときに瓦葺に改変されている。

そうした状況からすれば、神社本殿の瓦葺は、いかに神仏習合しようと、きわめて厳格に避けられたのは当然のことである。したがって、神社本殿には最高級屋根材として檜皮葺、それに次いで柿葺、安価な屋根材として茅葺が使われ、一部の小型本殿には板葺がなされた。なお、伊勢神宮や諏訪《すわ》大社（信濃一宮、長野県諏訪市）などの特別な神社で茅葺が使われているのは、安価な屋根材としてではなく、太古からの屋根材として格式高く使用された例である。古式は高い格式を示すからである。また、日光東照宮など、江戸時代の特別有力神社では、銅板を木材に張って作った銅瓦が使われているが、銅瓦は通常の土製の瓦とは別扱いであったらしく、江戸城本丸御殿にも応用されている。

なお、重要文化財指定の本瓦葺本殿に次の四棟がある。大神《おおみわ》神社（二十二社・大和一宮、奈良県桜井市）摂社大直禰子《おおたたねこ》神社本殿が本瓦葺なのは、大御輪寺本堂を明治になって本殿に転用したからであり、同じく厳島神社（安芸一宮、広島県廿日市市）末社豊国《ほうこく》神社本殿は大経堂として建てられたからである。鶴林寺行者堂（兵庫県加古川市）（図47参照）は、春日造に似た本殿風の建築であるが、そもそも神を祀る神社本殿ではない。日部《くさべ》神社本殿（大阪府堺市）は神社境内の仏堂を改造したものらしい。すなわち桃山時代以前の瓦葺の本殿は、存在しない。

瓦葺の本殿が登場したのは明治時代で、村の鎮守社などの茅葺屋根を耐久性のある瓦葺に変更したものである。農村部では、茅葺は農家にも用いる庶民的な屋根材で、農家に瓦葺が導入されるのにともなって、鎮守社にも応用したのである。ただし、その際に用いられた瓦は、寺院に用いる正式な本瓦ではなく、江戸時代中期から広まった住宅用の桟瓦であった（図48参照）。大正時代以降になると、檜皮葺の屋根形を模した銅板葺（銅板の平《ひら》葺《ぶき》）が政府などによって推奨されて流行している。

それとは逆に、平安時代以降になると、瓦が凍害を受けるような寒冷地を中心に寺院建築にも檜皮葺・柿葺・板葺が応用された。現在も、室生寺《むろうじ》（奈良県）・金峯山寺（同）・金剛峯寺（和歌山県）・延暦寺などの堂塔にはそうした屋根材が見られる。また、檜皮葺は瓦葺よりも高級な屋根材と認識されていたので、園城寺《おんじょうじ》（滋賀県）・石山寺（同）などの格式高い寺院にも応用された。さらに、鎌倉時代末期に伝来した唐様の禅宗建築では、柿葺が多用されている。また、中世以来、地方寺院の本堂では、安価な茅葺が多用されていた。そうした例を見れば、必ずしも寺院は瓦葺と断言することはできない。

千木・鰹木と組物

千木や鰹木は神社本殿の象徴であり、組物は寺院建築の象徴であった。しかし、時代の下降とともに、その象徴としての機能は曖昧と

図47　鶴林寺行者堂

図48　桟瓦葺の本殿

なる。

平安時代になって誕生した新型の本殿の大多数、たとえば日吉大社・八坂神社・厳島神社・宇佐神宮などでは、その檜皮葺の屋根には千木や鰹木が置かれていない。平安時代以降に全国的に大流行した流造でも、その最も古式で代表例である賀茂《かも》別雷《わけいかづち》神社（上賀茂神社、二十二社・山城一宮、京都市）・賀茂《かも》御祖《みおや》神社（下鴨神社、二十二社・山城一宮、京都市）本殿には、やはり千木・鰹木がないのである。千木・鰹木は創建が飛鳥時代に遡る伊勢神宮・出雲大社・住吉大社（二十二社・摂津《せっつ》一宮、大阪市）などや、奈良時代創建の春日造本殿にもっぱら上げられ、そのほかの多くの神社では上げられなかったようだ。現在、千木・鰹木が上げられている本殿でも、江戸時代や明治時代になってから新たに付加された例が少なくない、むしろ多いのではないだろうか。たとえば、国宝吉備津神社本殿（備中一宮、岡山市）では、神社らしくないという理由で享保七年（一七二二）以降に新設されたことが記録から判明する。厳島神社でも明治になって千木・鰹木が新設され、明治末の国宝修理の際に千木・鰹木が撤去されて元来の形式に戻っている。したがって、神社本殿であれば千木・鰹木があるというのは、正しい言い方ではない。

一方、組物は中国で発明された宮殿建築の部材で、仏教建築様式として日本に伝来した。堂塔の格式の高さを示す重要な部材として寺院建築にもっぱら応用されたが、組物の一種とされる舟肘木を除けば、組物はなかなか神社には使われなかった。平安時代後期になって、新型本殿である厳島神社などに使われたのが最初と思われる。現存例では宇治上神社本殿（京都府宇治市）が平安時代後期の例で最古であるが、神座のある身舎には使われず、正面の庇（向拝）に使われており、本殿本体への使用はまだ躊躇されていたようにも見える。鎌倉時代以降になると組物の使用例は増加し、組物は寺院建築の要素というよりは建築装飾の部材という認識に変わっていったようである。

白木造と彩色

日本の社寺建築に古くから使われてきたヒノキは、建材としては世界一の樹木である。強度や耐久性に優れるだけではなく、木肌が美しく、光沢もあり、塗装をしなくても高級感が生まれる。江戸時代中期以降、ヒノキを用いて一切の塗装を加えない伊勢神宮の社殿の正統性と秀麗さが賞賛されるとともに、塗装は寺院建築の技法として糾弾されるようになる。そして明治時代になると、神社は白木、寺院は彩色という思想が政府や研究者によって広められた。そうした考え方は飛鳥時代や奈良時代なら当てはまろうが、平安後期以降ではほとんど該当しないであろう。その頃になると、有力な社寺は装飾として彩色されるのが当然になっていたからである。

江戸時代後期になって、秀逸な彫刻で満たされる社寺建築（図49参照）がはやってくるが、そうした例では彫刻の出来映えを強調するために、白木造とされるのが一般化している。そこには、神社・寺院の区別はまったくない。

日本建築と中国建築

以上述べてきたように、神社本殿と寺院本堂とは、古くはまったく異質の建築、別の言い方をすれば対立する建築形式であった。その原因は、神社本殿は日本古来の宮殿建築を祖型とし、寺院本堂は中国の宮殿建築を祖型としているからである。よって両者の相違は、神道と仏教という宗教上の対立関係というよりも、日中の建築文化の相違そのものと言うべきであろう。しかし、時代の経過とともに両者は互いに接近し合い、双方の優れた点を取り入れあって、日本の伝統的な社寺建築が完成したのである。

図49　江戸時代後期の彫刻で満たされた社寺建築
（諏訪大社下社）

それでもなお神社らしさ、寺院らしさといった、両者の相違が感じられるのは、それぞれの祖型が持っていた多岐にわたる特徴のうち、どちらの要素を多く継承しているのかを、われわれ日本人が本能的に感じているからであろう。

日本の建築様式

日本の社寺建築には、大きく分けて二つの建築様式がある。和様《わよう》（日本様）（図50参照）と唐様《からよう》（図51参照）である。もう一つ、天竺様《てんじくよう》という建築様式があるが、神社では吉備津神社（岡山市）にしか用いられていない。和様・唐様という建築様式名は江戸時代の大工技術書にすでに登場しており、現存する社寺建築を見ても、鎌倉時代後期の唐様伝来より両者は厳密に区別して建築工匠らに認識されてきたことが分かる。

なお、禅宗建築の建立のために中国（元代）から新たに導入された建築様式であるという観点から、唐様のことを禅宗様と改称して呼ぶ建築系研究者が近年には圧倒的に多いが、それには賛同できない。たしかに伝来当初はそうであったかもしれないが、先進国の中国（「唐《から》」と呼んでいた）から伝来した、新式で高級な外国建築様式であるという認識も当時

図50　和様（気多大社摂社白山神社）

図51　唐様（気多大社拝殿）

から強かったからだ。したがって、日蓮宗や浄土宗のように桃山時代以降に経済的に恵まれた宗派では唐様が多用されたし、天台宗系の神社である日光東照宮でも唐様が採用されている。また、目新しいもの、優れたものを在来のものと区別して唐様と呼ぶのは建築以外の文化的要素でも多く見られることである。建築分野では唐破風《からはふ》・唐戸《からど》・唐棟《からむね》、他分野では唐衣《からぎぬ》・唐織・唐絵・唐櫃《からびつ》・唐傘・唐歌・唐木《からき》・唐草・唐獅子《からじし》などいくらでもある。本書では、そうした日本の伝統文化に対する認識を理解して神社建築を考える必要上、了見の狭い禅宗様とは呼ばず、古くからの唐様という語を使うことにする。

建築様式の概要

和様の元となったのは、飛鳥時代後期から奈良時代にかけて七世紀から八世紀に中国から伝来した建築様式で、当時の唐《とう》の建築そのものであった。薬師寺東塔や唐招提寺金堂がその代表例である。その後、しばらくは中国建築の新たな伝来はなく、平安時代中期十世紀からの文化の国風化によって細部意匠や構造が変化発展して和様が成立した。その代表例が宇治平等院鳳凰堂である。

平安末の治承四年（一一八〇）、平重衡《たいらのしげひら》が南都の東大寺・興福寺を焼くと、東大寺大仏殿再建のために、中国の南宋から新たに天竺様（近年は大仏様と改称）という建築様式が東大寺大勧進の重源《ちょうげん》によって伝えられた。天竺様は南宋という時代性をもち、また中国浙江省・福建省あたりの地方様式であって、本来は格式の高い建築に応用される形式ではなく、略式の形式であった。天井を張らないという点にそれが現れている。天竺様は東大寺以外ではほとんど応用されず、神社では重源が結縁した吉備津《きびつ》神社（岡山市）だけに応用された。天竺様は、組物の肘木を柱に突き差す挿肘木《さしひじき》に大きな特徴があり、大仏殿のような巨大建築には合理的であったが、神社本殿のような比較的に小型の建築には不向きであった。

鎌倉時代後期になると、禅宗寺院の建立が盛んになり、その師たる中国の寺院建築を忠実に日本に造営するために、新たな建築様式が移入された。それが唐様で、十四世紀、元から明にかけての建築様式であった。この頃までには、中国建築の組物は日本の和様とは大きく相違したものへと発展しており、和様に比べて複雑で華麗になっていた。意匠上での和様と唐様の趣の違いは、組物の差異によって生じているとしても過言ではない。また、唐様は建築各部の装飾も増大しており、とくに唐草（渦巻き）を基本とする特徴的な彫刻が多用された。

和様と唐様の相違点

建築様式は建築各部の形式や意匠をすべて細かく規定するもので、様式ごとに自立した体系となっている。したがって、すべての部位について、様式ごとに相違したものとなっている。とても煩雑であるが、和様と唐様の違いを簡単に記しておく。

和様では、円柱は単純な円筒形、長押《なげし》という水平材を柱の表面に釘で打ち付けて柱どうしを繋ぎ、また柱の頂部に頭貫《かしらぬき》という棒状の部材を落とし込む。和様の組物を柱上に載せる。中備《なかぞなえ》（組物どうしの間）には蟇股《かえるまた》あるいは間斗束《けんとづか》といった飾りを入れる。虹梁《こうりょう》には飾りがなく、両端にわずかな反り上がりが付けられる。天井は、組入天井《くみいれてんじょう》（細かい格子）・格天井《ごう》（大きな格子状に縁《ふち》を組んだもの）・竿縁天井《さおぶち》（平行する棒状の縁を入れたもの）などである。軒の垂木は平行に並べる平行垂木である。

唐様では、円柱は上下の端を少しすぼめる粽《ちまき》が施される。長押を使わず、柱に穴を開けて貫《ぬき》を差し込んで固定する。頭貫の先端は、隅の柱を貫いて、木鼻《きばな》という唐草文様を彫った飾りが付く。頭貫の上には台輪《だいわ》という板状の部材を載せる。台輪上には唐様の組物を置くが、中備にも同じ組物を並べる詰組《つめぐみ》の手法が用いられ、蟇股や間斗束は使われない。虹梁の端部には袖切《そできり》という斜めの削ぎ取りがあり、下角には欠眉《かきまゆ》という縁取りがあり、下面には錫杖彫《しゃくじょうぼり》という飾りが彫られる。一面に天井を張らない場合は、組物を構成している尾垂木《おだるき》の尻を屋根裏に沿って伸ばし、中央部のみに天井縁のない真っ平らな鏡《かがみ》天井を張る。堂内一面に鏡天井を張る場合もある。軒の垂木は扇を開いたように放射状に並べる扇垂木である。

神社は和様

神社本殿の建築様式は和様が基本である。天竺様の応用は論外であるし、唐様が伝来した鎌倉時代後期にはすでに和様に基づく神社本殿の形式が確立しており、唐様の応用の余地はなかった。さらに唐様は新しい外国の建築様式であって、それがいかに高級で先進的なものであっても、日本古来の神々を祀る本殿には、ふさわしくないものと考えられたからであろう。古代において寺院建築の形式が神社本殿に使われなかったことと、共通する事象と捉えることも可能である。

室町時代になっても、木鼻《きばな》や大瓶束《たいへいづか》や海老《えび》虹梁《こうりょう》といった、唐様意匠のごく一部が採用されたに過ぎない。本格的な唐様の神社本殿への応用は、江戸時代になって徳川家康を祀る日光東照宮本殿に始まるのである。なお、太宰府天満宮（福岡県太宰府市）末社志賀《しが》社本殿は、唐様意匠が濃厚に使われており、長禄二年（一四五八）建築とされているが、実際には江戸時代の再建であって、唐様本殿の古例ではない。

さまざまな本殿形式

本殿形式の概要

屋根形式

日本では奈良時代から屋根形式と屋根葺材で、建築形式を表していた。社寺・住宅ともに屋根形式は、入母屋造・寄棟造・切妻造・方形造（宝形《ほうぎょう》造《づくり》）の四種類である。入母屋造・寄棟造・切妻造では、正面の向きによって、平入《ひらいり》・妻入《つまいり》に区分される。

四種類の基本形式に、高床建築に特有な階段を覆う屋根が付くこともあり、向拝付きという。また、入母屋造の屋根正面に飾りの千鳥破風《ちどりはふ》を加えたり、向拝の屋根の軒先を丸く迫り上げた軒唐破風《のきからはふ》を付けたりする例も桃山時代に急増した。なお、寺院建築では、さらに二重および裳階《もこし》付きの形式が加わる。

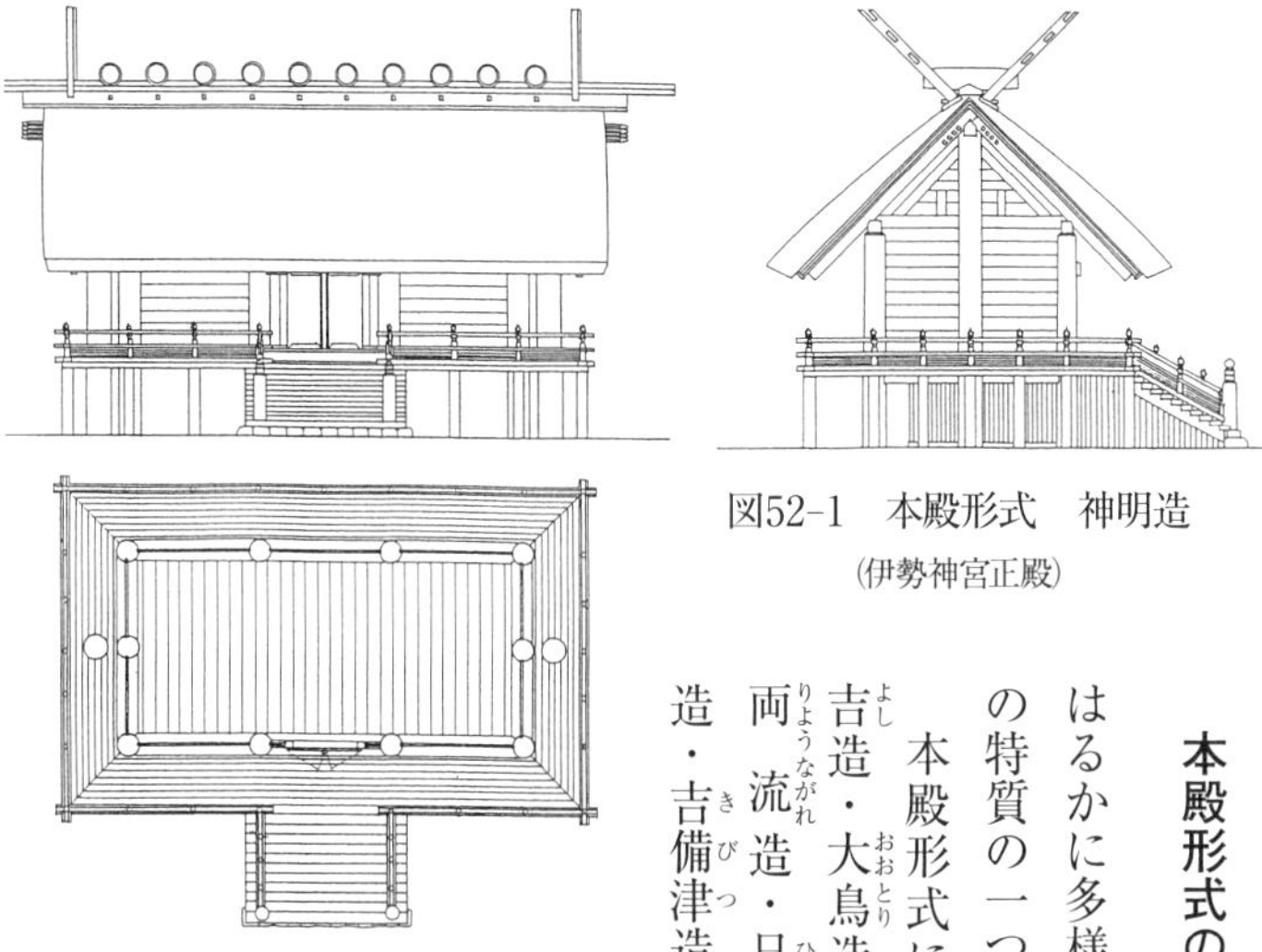

図52-1　本殿形式　神明造
（伊勢神宮正殿）

本殿形式の多様性

ところが神社本殿では、屋根形式だけではなく、下部の構造等も含めた、はるかに多様な本殿形式がある。この多様性こそ神社本殿の特質の一つである。

本殿形式には、切妻造系の神明造《しんめいづくり》・大社《おおやしろ(たいしゃ)》造・住《すみ》吉《よし》造・大鳥《おおとり》造など、切妻造に庇を加えた春日《かすが》造・流造・両流《りょうながれ》造・日吉《ひよし》造・隠岐《おき》造など、前後に棟を並べた八幡《はちまん》造・吉備津《きびつ》造、左右に棟を並べた比翼《ひよく》春日造・美保《みほ》造など、入母屋造系の祇園《ぎおん》造・中山《なかやま》造・香椎《かしい》造・貫《ぬき》前《さき》造、二階建の浅間《せんげん》造などが命名されている。これらのうちで神明造・大社造・流造・春日造が基本的な本殿形式である（図52参照）。

間口が三尺以下というような、ごく小型の本殿で、階段を設ける代わりに、低い床を張って供物棚《くもつだな》とした流造や春日造などは、

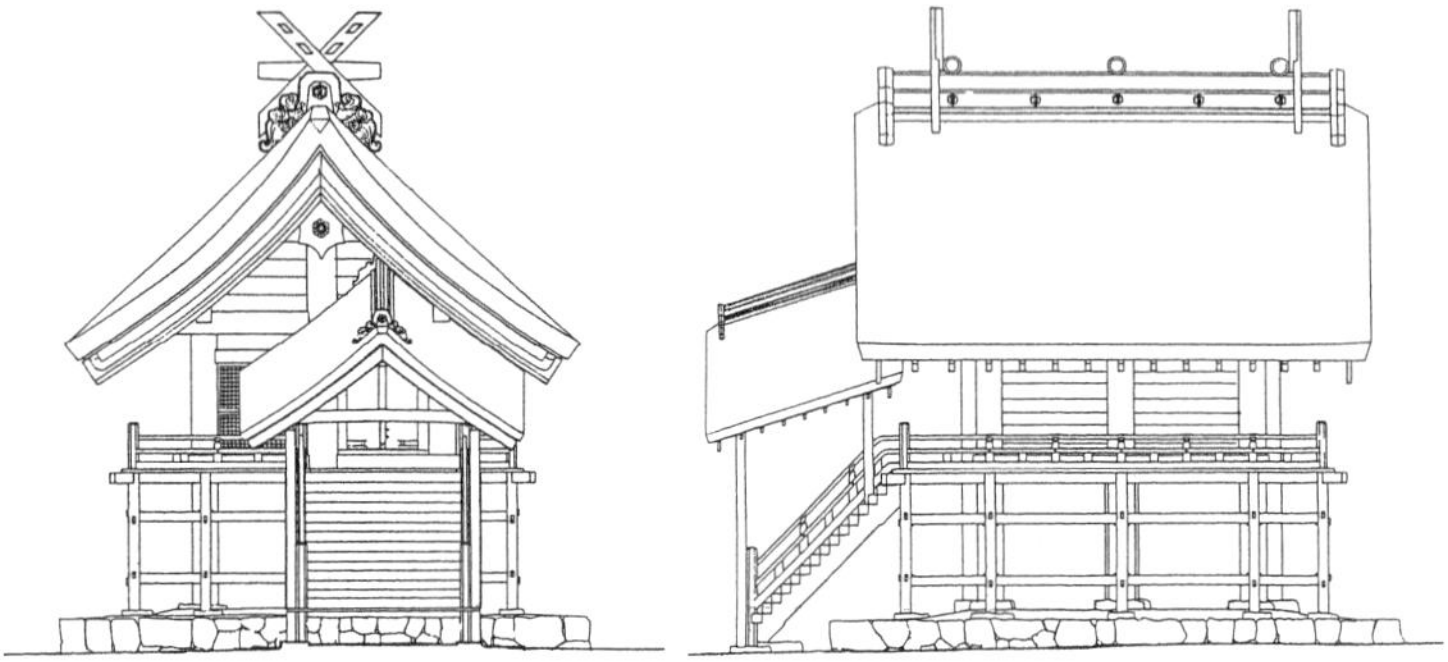

図52-2　本殿形式　大社造（神魂神社本殿）

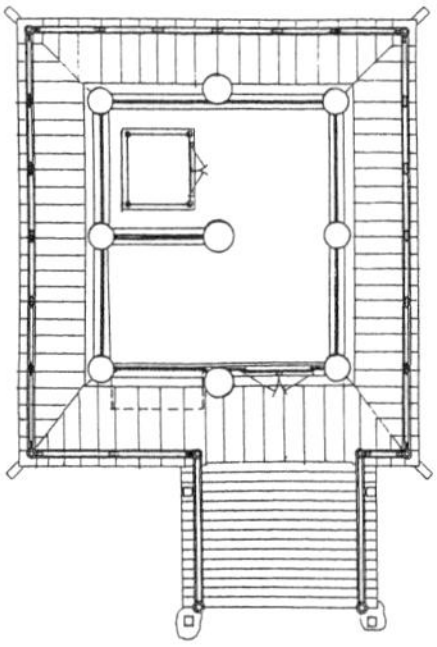

見《み》世《せ》棚《だな》造と命名されている（図53参照）。祠《ほこら》と呼ばれる小社や摂末社に多い。

そのほかは切妻造・入母屋造としてまとめられているが、その中にも独立させて命名すべき形式は数多く存在する。研究者の怠慢か、命名に及んでいないだけだ。筆者が命名するなら、切妻造系の小野《おの》造・生島足《いくしまたる》島《しま》造・諏《す》訪《わ》造、入母屋造系の御上《みかみ》造・日前國懸《ひのくまくにかかす》造・土佐造・聖《ひじり》造などを加えたいし、春日造から熊野《くまの》造を、両流造から厳島造を独立させたい。さらに流造を横に連結した連棟《れんとう》式として、長門《ながと》住吉造など数例を加えるべきであろう。

この辺りでお気づきかと思うが、本殿形式が驚くほど多様であると同時に、煩雑この上ないものであり、分類する

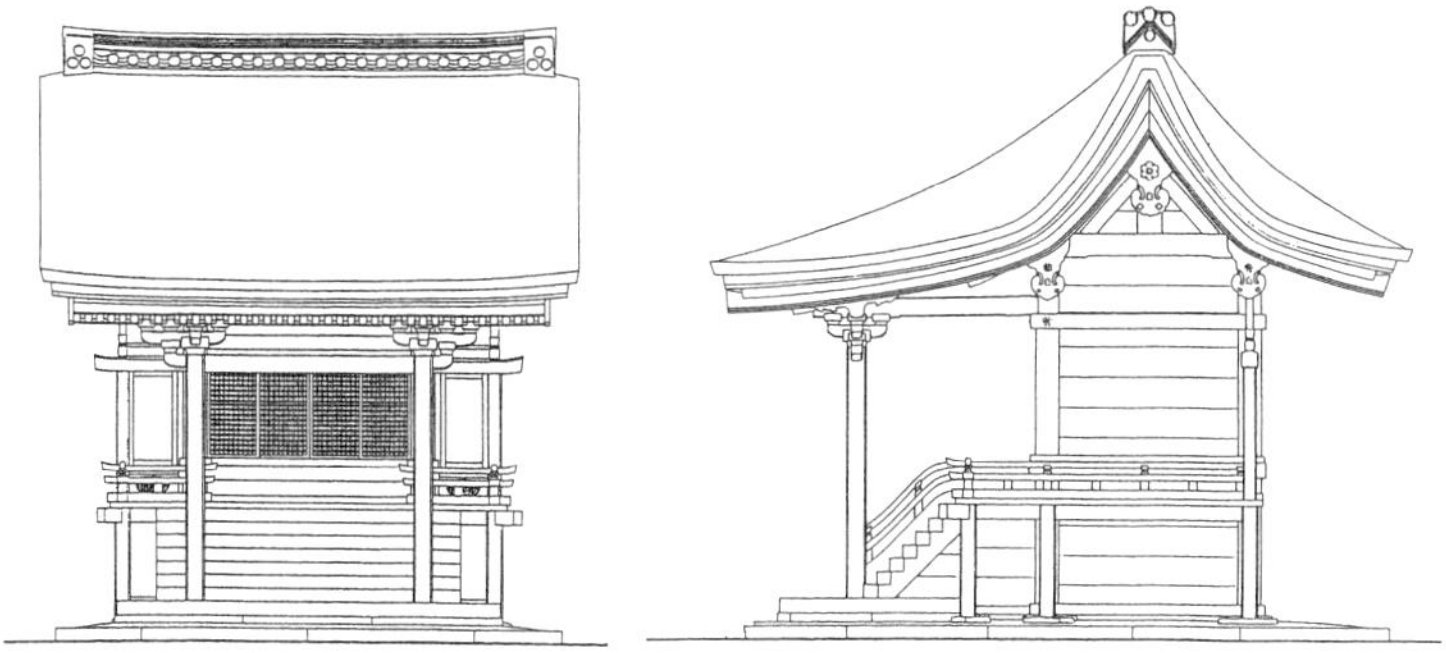

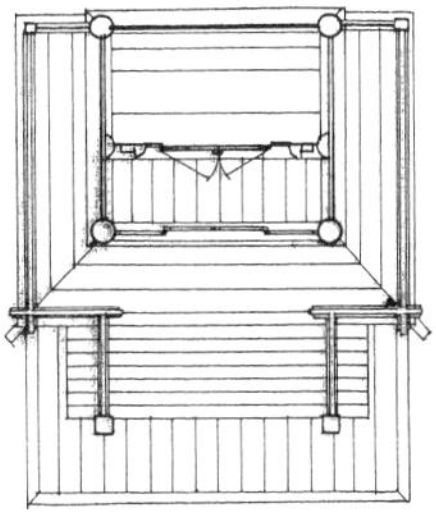

図52-3　本殿形式　流造（小槻大社本殿）

必要性があるのかどうかだ。とくに、一形式一社という、全国に該当する例が一社しかないものは、大鳥造・日吉造・吉備津造・美保造・祇園造・香椎造・浅間造であり、数社しかないものは、大社造・住吉造・両流造・隠岐造・八幡造・比翼春日造・中山造である。また神明造は、とくに明治以降に伊勢神宮の尊崇が高まり、その本殿形式として全国の本殿に応用されてかなり増加したが、古くからの神明造は伊勢神宮の神領地にほぼ限定される。逆に伊勢神宮の本殿形式は、唯《ゆい》一神明《いつしんめい》造と称して他社の神明造とは区別され、伊勢神宮以外での応用は原則として禁止されていた。

したがって、普遍的に存在する本殿形式は、春日造と流造しかなく、およびその他にまとめられた多種多様な切妻造・入母屋造なの

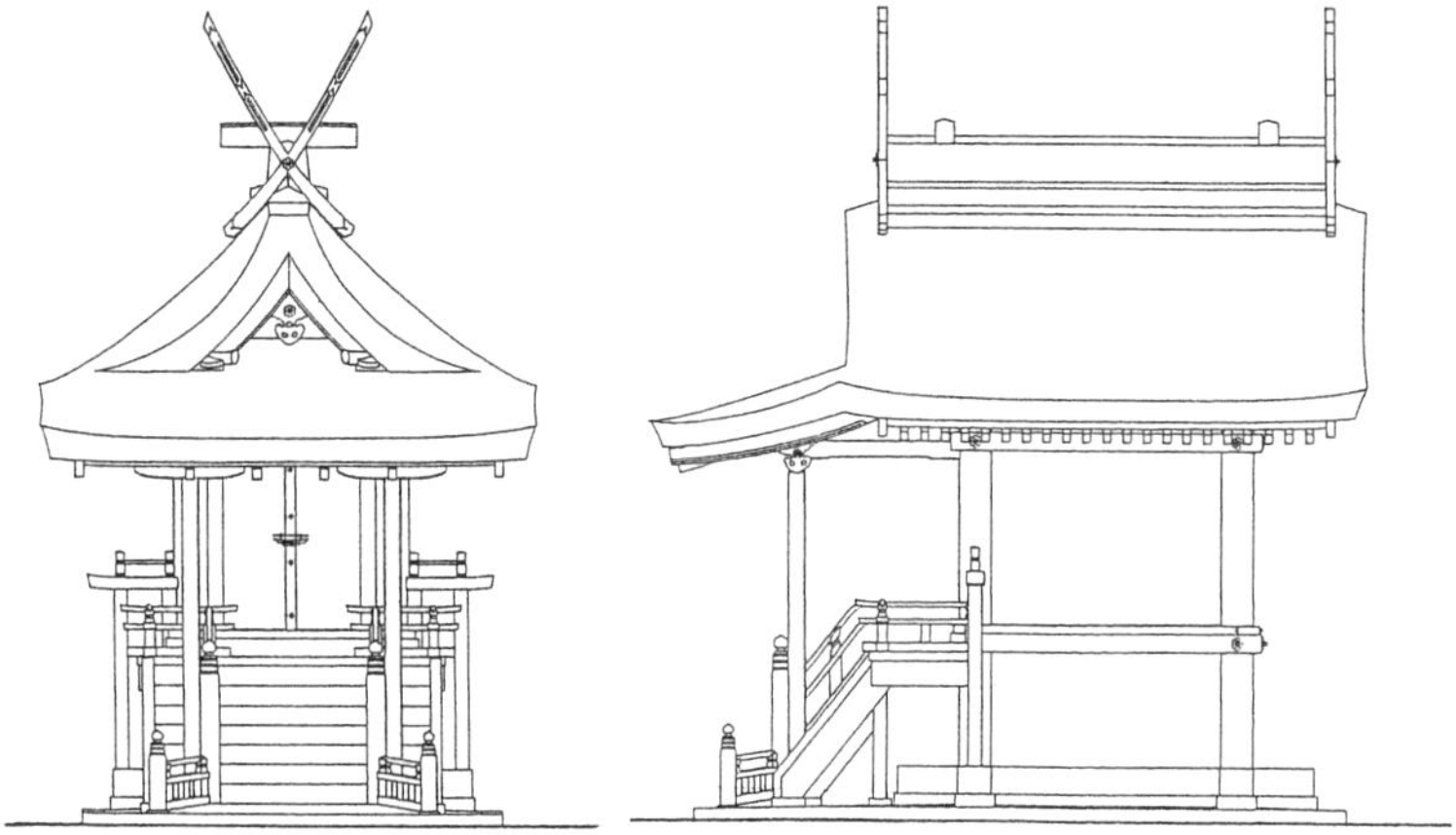

図52-4　本殿形式　春日造（春日大社本殿）

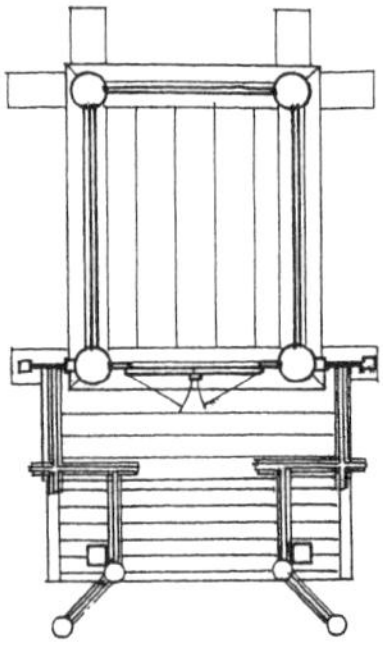

図53　見世棚造（伊佐爾波神社末社）

である。しかし、ここであえて注目して欲しいのは、一社ないし数社しかない本殿形式が多数あることである。そして、それらの神社は他社を圧倒して有力であったことに注目すべきである。

最古の本殿形式

身舎だけの切妻造

神明造・大社造・住吉造・大鳥造は、飛鳥時代に起源が遡る最古の神社本殿形式とされる。それらは、身舎だけという最も単純な構造であり、屋根は切妻造である。神明造は平入で、ほかは妻入である。これらの本殿は、屋根に反りがなく直線的で、組物を使わず（舟肘木は使われることもある）、垂木も一軒としている。後世の流造本殿が屋根に優美な曲面をもち、組物を使い、二軒であるのと比べて簡素であり、したがって古式であると言える。

神明造・住吉造・大鳥造では本殿内部はすべて神の占有空間であって、神主といえども参入を許さない。大社造は神主が殿内へ参入して祭礼が行われるので、本殿内に別に内殿を安置して、その中を神の占有空間とする。したがって、神明造・住吉造・大鳥造と大社造には本質的な相違があるはずであるが、その点については、後述することにしたい。

神明造

伊勢神宮（三重県伊勢市）の内宮と外宮の正殿（本殿）の形式である。切妻造の平入で、両側面の妻壁より外側に独立した柱を立て、その柱が直接に棟木を受ける。棟木を受ける柱を棟持柱《むなもちばしら》といい、神明造の最大の特徴とされる。殿内は一室である。千木は、破風板の先端が屋根上に突き抜けたものであって、千木の起源を物語る。また、太い鰹木を棟上に並べる。

伊勢神宮では、桁行三間、梁間二間とし、柱はすべて掘立柱で、屋根を茅葺としており、他社と比べて圧倒的な古式を見せており、神社本殿の創始期の形式を伝える。また、中央部の床下には、建物を支える柱とは別に独立した短い柱を掘立てにしており、心御柱《しんのみはしら》と呼ばれ、神聖な柱として、五色の布を巻き、鏡を懸ける。伊勢神宮以外の神明造では、籠《この》神社本殿（丹後《たんご》一宮、京都府宮津市）（図54参照）のみ心御柱をもつ。

唯一神明造は、掘立柱、茅葺とし、屋根頂部には通常の大棟を置かずに、二枚の障泥板《あおりいた》で屋根頂部の茅を挟み、上に甲板《こういた》を被せる、鰹木を多数（内宮は十本、外宮は九本）並べ、破風板に鞭掛《むちかけ》という棒を四本ずつ差し、妻壁には鏡形木《かがみがたぎ》という丁字形の飾りを付け、長押は打たず、廻縁の縁板を壁と平行に張る榑縁《くれえん》とし、高欄の上には居玉《すえだま》という七宝の宝珠を並べ、高欄に横連子《よこれんじ》を入れるなど、これら多くの特色をすべて完備したものをいう。伊

図54　籠神社本殿

図55　仁科神明宮本殿

勢神宮以外の神明造では、いずれか数点の特色が欠落する。

伊勢神宮の正殿は二十年ごとに造替される式《しき》年遷宮《ねんせんぐう》が行われるので、古い本殿は残らない。江戸時代後期再建の仁科神明宮《にしなしんめいぐう》（長野県信濃大町）本殿（図55参照）が神明造の古例として国宝に指定されている。明治維新以前は、神明造は伊勢神宮の神領地に建てられた伊勢の分祠にほぼ限られていたが、明治以降は全国の神社本殿に新たに応用されている。その代表例は熱田《あつた》神宮（名古屋市）である。

大社造

出雲大社《いずものおおやしろ》（島根県出雲市）本殿の形式である。切妻造の妻入、檜皮葺で、正面と背面の妻壁の中央の柱を棟持柱とし、宇豆柱《うづばしら》（珍柱）と称している。正面二間、側面二間で、柱を総柱《そうばしら》（すべての柱筋の交点に柱を立てたもの）に九本立てる。その中央の柱はとくに太くされており、岩根柱《いわねのはしら》という（近世以降は心御柱ともいう）。一般的に、向かって正面の右側を扉とし、左側を蔀《しとみ》とし、右側に階段を設けるので、左右非対称になる。古くは階段上には屋根がなかったが、近世以降になって、本体の屋根とは別に小さい切妻屋根（向拝）を掛けるようになった。本殿内は畳敷きで、岩根柱の後方、正面に向かって右奥の間に流造の内殿を安置して、神座としている。

大社造の現存最古例は神魂《かもす》神社本殿（島根県松江市）（図56参照）で、天正十一年（一五八三）再建である。正面（梁間）よりも側面（桁行）が長い縦長平面で、長押を打たず、宇豆柱が妻壁から大きく突き出すなど、出雲大社本殿よりも圧倒的に古式である。この本殿内部では、出雲国造《いずもこくそう》（出雲大社神主）の跡継ぎとなるための神事である神火相続が行われており、その際には向かって左側の手前の空間にイロリが臨時に設けられた。そこを避けて内殿へ通えるように、切妻造妻入の内殿が他の大社造とは逆に向かって左側奥の間に安置されている。当初は紅殻塗りで、妻壁には龍の彩色画の痕跡が残る。

図56　神魂神社本殿

図57　玉若酢命神社本殿

出雲大社本殿は寛文七年（一六六七）に出雲の大工によって復古的に新たに造られた形式で、大社造で最大の本殿である。千木の先端までの高さは八丈（約二四メートル）もあって、神社本殿で最高を誇る。現在の本殿は延享元年（一七四四）の造替である。中世までの本殿は、現在の形式とは違って、礎石を使わずに掘立柱で、向拝もなく、紅殻塗りであったことが知られる。

なお、大社造本殿の分布は、ほぼ出雲国の内に限定される。また、隠岐造の玉若酢命《たまわかすのみこと》神社（隠岐総社、島根県隠岐の島町）（図57参照）と水若酢《みずわかす》神社（隠岐一宮、隠岐の島町）の本殿はともに江戸時代後期の再建で、切妻造の妻入に向拝を付けた三間社であって、大社造の一種とされる。しかし、平面からすると、中世後期から近世初期にかけて独自に成立した本殿形式と考えられる。

住吉造

住吉大社（二十二社・摂津《せっつ》一宮、大阪市）の本殿形式である（図58参照）。切妻造の妻入、檜皮葺で、内部は前後に二室を取る。そのため奥行きの長い平面になっており、側面（桁行）四間、背面（梁間）二間である。正面中央の柱は省略して一間とし、扉を中央に構える。前後二室となるのは、上代の宮殿の間取りに倣ったものらしく、現代流でいえば、奥の間が夜の寝室、手前の間が昼の居間に、あるいは私室と応接室に相当する。法隆寺東院伝法堂として移築されている奈良時代の橘夫人宅や発掘された長屋王《ながやおう》の邸宅の主殿遺構などは、建物自体は平入であるが、内部は左右二室に間仕切られて横向きに使われており、九〇度向きを変えると住吉造の間取りとなる。住吉造には神社本殿としては珍しく廻縁がないが、そのためにいっそう古式に見える。現状では丹塗り

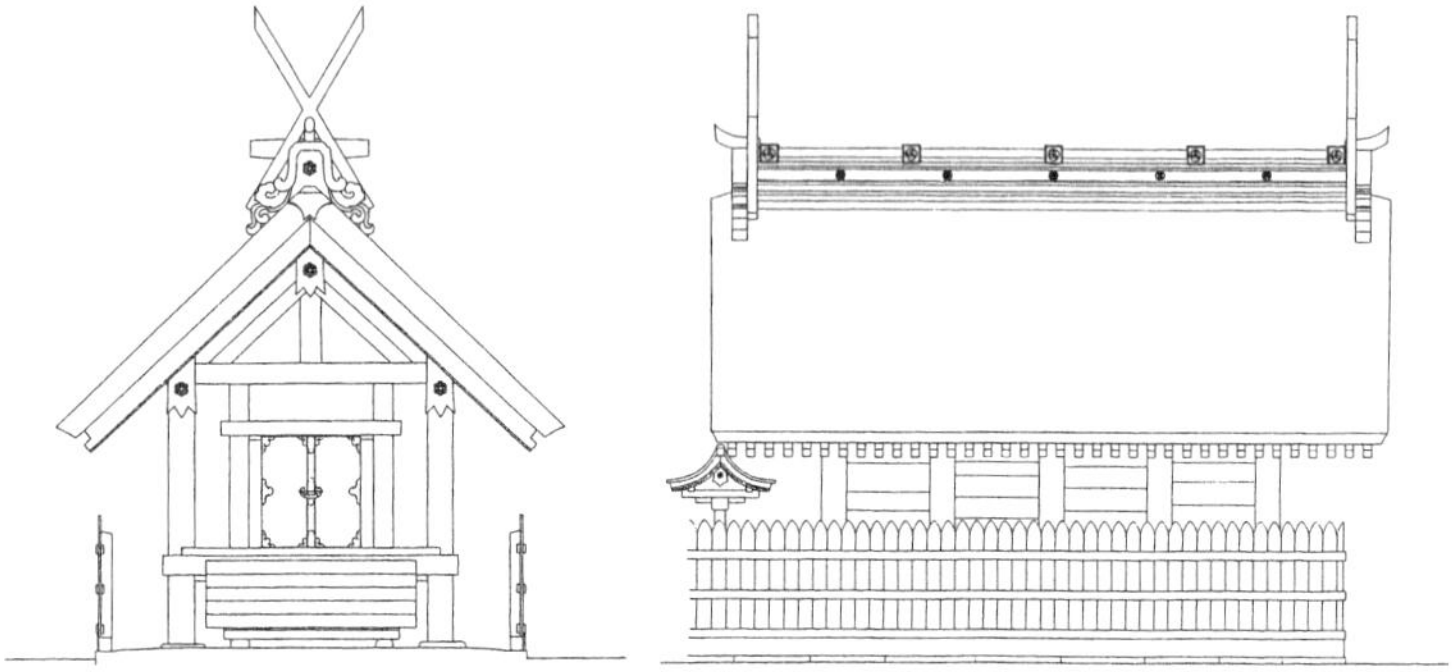

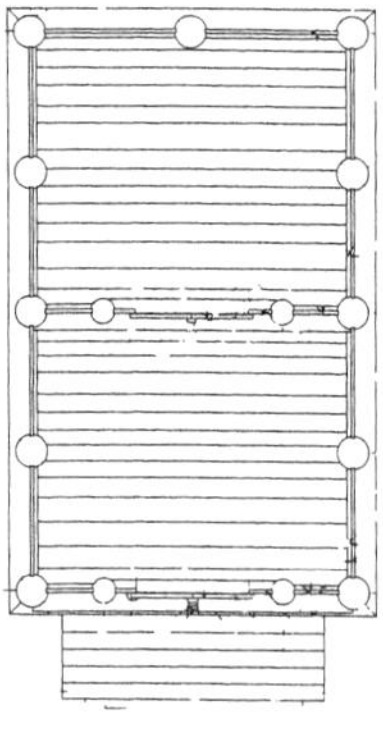

図58　住吉大社本殿

である。

住吉大社には住吉造の本殿が五棟あり、うち四棟は文化七年（一八一〇）再建の本社、一棟は宝永五年（一七〇八）再建の摂社大海神社本殿である。また、福岡市の住吉神社に江戸時代の住吉造の本殿がある。全国各地の港町に祀られている住吉神社では、桁行の長さを減じた住吉造の本殿が見られる。

大鳥《おおとり》神社本殿（和泉《いずみ》一宮、大阪府堺市）は、大鳥造と言われる古式な本殿で、側面（桁行）を二間に縮小した住吉造とされており、内部を前後二室とすることなど、住吉造の特徴に近い。現在の本殿は明治四十二年（一九〇九）の再建である。

向拝を付けた切妻造

妹子《いもこ》・篁《たかむら》・道風《とうふう》・小町《こまち》といった古代の有名人を輩出した小野氏ゆかりの地（滋賀県志賀町）には、桁行三間、梁間二間の切妻造、平入で、正面に一間の向拝を付ける十四世紀の本殿が三棟残る。小野神社の摂社篁神社本殿（図59参照）・道風神社本殿および天皇神社本殿である。向拝が後世のものとなっているが、当初から向拝付きの切妻造であったと考えられる。

図59　小野神社摂社篁神社本殿

身舎だけの本殿では、高床へ上がる階段が雨ざらしとなるので、向拝を設けて階段を保護した新形式である。単純な形式なので、全国に多数存在しそうであるが、意外と珍しく、ほかには江戸時代後期以降の例しかない。向拝（庇）を身舎の幅いっぱいに設けた流造本殿の造形美が好まれ、向拝付きの切妻造は流行しなかったようである。

流造と春日造の登場

庇付きの本殿

切妻造の身舎の正面に庇を付けた本殿形式の代表が春日造と流造である。身舎が妻入のものが春日造で、平入のものが流造である。身舎だけであれば、階段が雨に濡れるが、階段上に被さる庇が雨よけとなるので、きわめて実用的な形式で、奈良時代に誕生したとされる。

また、切妻造の身舎だけでは、硬直で単純な姿にしかならないが、庇が付くことによって秀麗な造形の美しさが生まれ、時代を越えて日本人の心をつかみ続けたようである。屋根が檜皮葺（室町時代以降は柿葺も多い）であることも造形美を増す。

身舎は正式な円柱、庇は略式な角柱を用いて区別するのが大原則で、神座である身舎の高い格式を強調している。一方、組物や蟇股などの建築装飾は、人目に触れやすい庇のほうに集中し、身舎は相対的に飾り気が少なく、見える所を飾るという、日本の伝統的な社寺建築の本質を如実に示す。

春日造と流造の庇は、階段の雨よけと見なせば向拝の一種である。しかし、三間社の場合において、階段が一間幅であっても身舎の間口いっぱいに庇が設けられる点からすれば、向拝とは言えない。建具を入れず、角柱・疎垂木《まばらだるき》(古例のみ)という意匠からすれば、平安時代の寝殿造の広庇《ひろびさし》との共通性が高く、住宅建築と共通した発展経過が窺える。

流造と春日造の規模

流造では、神明造と同様に三間社が正式で、一間社は略式であるが、春日造は一間社が普通であり、三間社は希である(図60参照)。流造では、五間社や七間社など長大な本殿であっても容易に建てられるが、春日造では、身舎の梁間が本殿の間口を規制してしまうので、三間が限界となる。

春日造で三間社が希なのは、社寺建築では、そもそも身舎の梁間は二間が基本であり、三間は例外的であったからだ。梁間二間の身舎を妻入とした大社造や住吉造は、社寺建築の基本を守るが、正面が偶数間(住吉造では正面中央の柱を省略)となる欠点が生じるので、都合が悪い。したがって、春日造のほとんどすべての本殿が一間社であるのは、当然の成り行きであろう。流造に比べて春日造は概して小型の本殿なのである。なお、一般的に春日造の身舎は一軒であり、流造の身舎は二軒であるので、前者のほうが古式と思われる。

図60-1　一間社流造（御上神社摂社若宮神社）

図60-2　三間社流造（窪八幡神社摂社若宮神社）

図60-3　一間社春日造（広八幡神社摂社天神社）

図60-4　三間社春日造（聖神社摂社三神社）

春日造

春日造の代表は春日大社（二十二社、奈良市）本殿である。桁行も梁間も一間で、舟肘木だけを使う簡素な構造である。縁は身舎の正面だけに付く。小型の本殿であるので、安定させるために、柱の下に土台（木造）を敷き、土台の下には礎石が置かれる。軒は身舎も庇も一軒であるが、身舎を繁垂木、庇を疎垂木とし、庇の格式をきわめて低くして、身舎の格式を強調している。屋根は檜皮葺で、千木・鰹木を載せる。全体に彩色を施す。

春日大社は有力神社であり、また春日造が小型の本殿であったので、江戸時代にはたびたび造替されている。したがって、春日大社は本社に四棟、摂社の若宮神社に一棟の本殿があるが、いずれも現在の本殿は幕末の文久三年（一八六三）の造替である。造替によって不用になった旧本殿は奈良県や大阪府の神社に下賜されており、春日大社の古式な春日造が伝播する要因となった（図61参照）。

隅木を入れた春日造と熊野造

春日造では、身舎と庇の垂木が直交するので、その交点の納め方が容易ではない。奈良時代に確立したと思われる最も古式な春日大社本殿では、身舎正面の破風板の先端で庇の軒を受けているが、庇が仮設的な取り付き方に見え、あまり美しくない。庇が疎垂木なので、辛うじて納まっているだけだ（図62参照）。

そこで、鎌倉時代以降になると、庇柱と身舎柱を繋ぐ虹梁の上に板壁を設けて、その板一枚を境にして内外の垂木の納め方を変えるという、いわば誤魔化しが一般化した。その板壁より外側では、身舎正面の破風板の先端で庇の垂木を受ける。一方、内側では、庇の

図61　春日大社の古本殿（杭全神社本殿・大阪市）

図62　古式な春日造の庇の納まり（長尾神社本殿・奈良市）

図63　新式な春日造の庇の納まり
（矢田坐久志玉比古神社摂社八幡神社本殿・大和郡山市）

図64　隅木入り春日造（宇太水分神社本殿）

垂木を身舎まで延ばしている（図63参照）。鎌倉時代以降は庇も繁垂木《しげだるき》になったので、虹梁上の板壁がないと、外側の破風板が内側の庇の繁垂木と中途半端に絡まって収拾がつかないからだ。

ところが、奈良県北部やその近辺の地方を除けば、春日造の本殿は、身舎の正面に隅木《すみぎ》を入れて、身舎と庇の直交する垂木を簡単に捌《さば》いている例が多い。その現存最古の例は元《げん》応《おう》二年（一三二〇）の宇《う》太《だ》水分《みくまり》神社本殿（奈良県宇陀市）である（図64参照）。こうした新

図65　三間社春日造（地主神社本殿）

図66　熊野本宮大社第四殿の背面

型の春日造は鎌倉時代後期に現れたものらしく、隅木入り春日造として、比較的近年になって、区別されるようになった。江戸時代に皇子《おうじ》造と呼ばれた本殿形式は、隅木入り春日造のことであろう。この新型春日造には、古式な春日造と比べて大型の本殿が多く、とくに地主《じしゅ》神社本殿（滋賀県大津市）などのような三間社の春日造はすべて隅木入りとなっている（図65参照）。

さらに和歌山県の熊野本宮《くまのほんぐう》大社（田辺市）の第三殿（証誠殿《しょうせいでん》）・第四殿本殿では、背面にも隅木を入れている（図66参照）。江戸時代後期の享和《きょうわ》二年（一八〇二）再建と年代が下降しており、細部意匠も江戸後期のものである。隅木入り春日造の進化形であろうが、入母屋造の妻入を身舎として、正面に向拝を付けた形式ともいえ、熊野造と呼ばれている。なお、江戸時代の地方の小規模な神社本殿では、正面を入母屋造、背面を切妻造とした形式も出現しているが、これも隅木入り春日造の変形の一種と見なせる。

大型本殿の登場

身舎を神の占有空間である内陣として、その前面や側面に庇を付加し、神職が参入して祭祀を行う外陣とした本殿が平安時代中期から後期に生まれてくる。両流造や日吉造である。

円柱の庇をもつ新型本殿の登場

その庇は、流造や春日造の吹き放ちの庇とは根本的に相違しており、蔀や板扉や連子窓《れんじまど》などの建具、あるいは板壁が入れられている。また庇の柱は、略式の角柱ではなく、身舎と同じ円柱が使われている。円柱に蔀や板扉を設けた庇は、平安時代中・後期の高級邸宅であった寝殿造の庇の形式である。外陣は人が入る空間なので、住宅建築の意匠が応用されたものと考えられる。

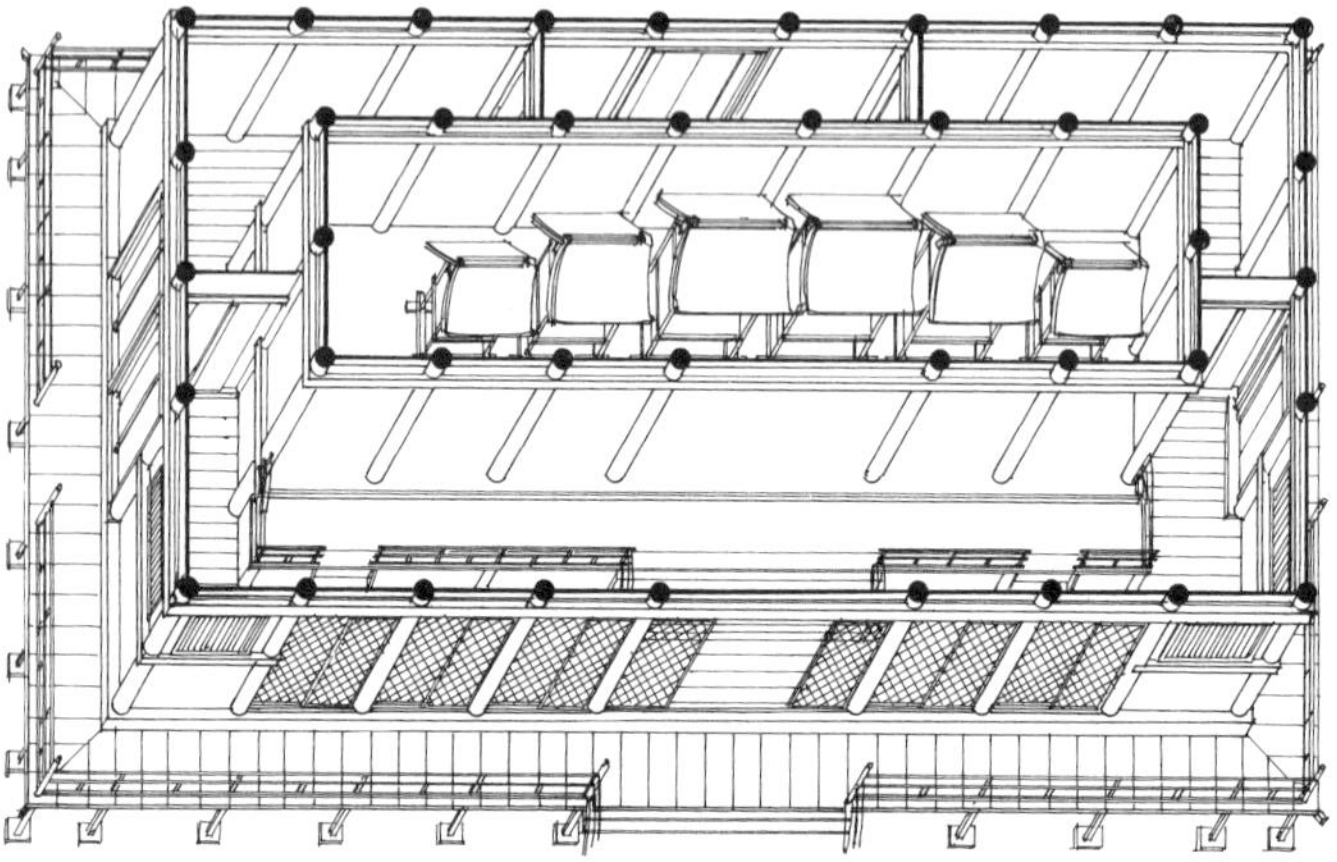
図67　厳島神社本社本殿内部見取り図

両流造

両流造は、身舎の前後に庇を設けた本殿形式である。正面側だけに屋根が長く延びる流造に対して、両側に屋根が延びるので両流造と命名された。厳島《いつくしま》神社（安芸《あき》一宮、広島県廿日市市）の本社本殿・摂社客《まろうど》神社本殿が両流造の代表例である（図67参照）。現存するのは、本社本殿が元亀《げんき》二年（一五七一）、客神社本殿が永享《えいきょう》五年（一四三三）の再建であるが、ともに仁安《にんあん》元年（一一六六）頃に平清盛によって創建された本殿である。

本社本殿は九間社（鎌倉再建以降は正面の柱一本を省略して八間社）・客神社本殿は五間社の両流造で、きわめて大規模である。とくに本社本殿は、純粋な本殿としては史上最大の面積を有している。身舎を内陣として、そこに玉殿《ぎょくでん》という小型本殿を本社で六基、客神社で五基並べ、

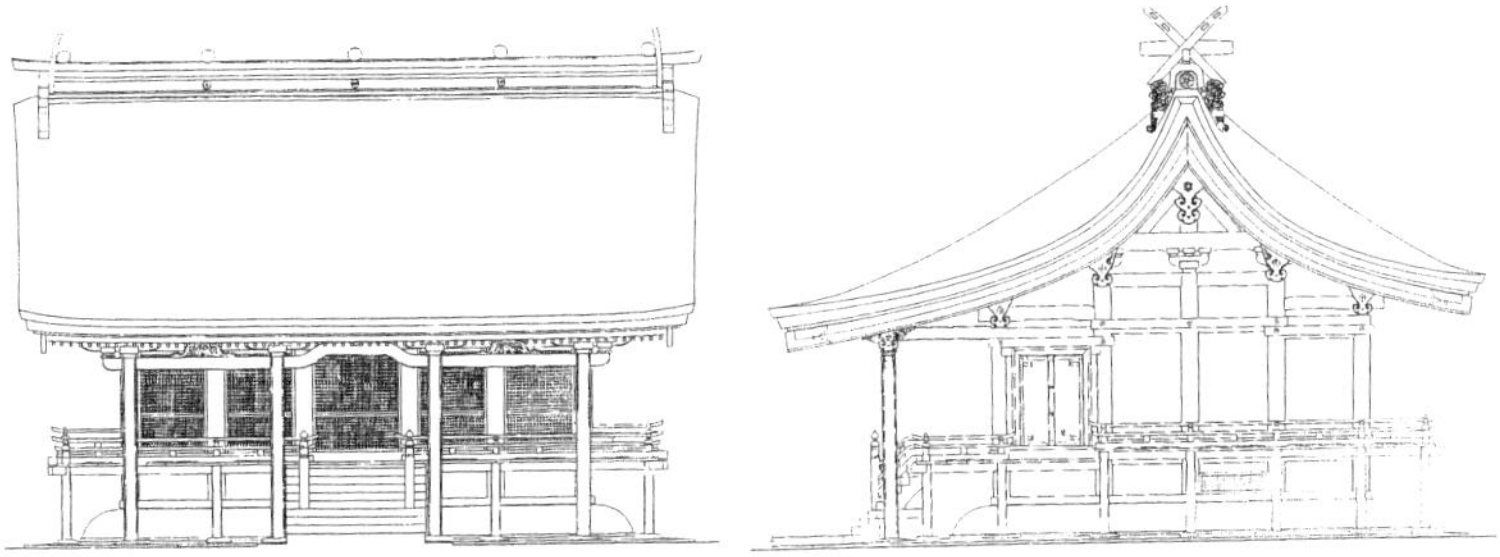

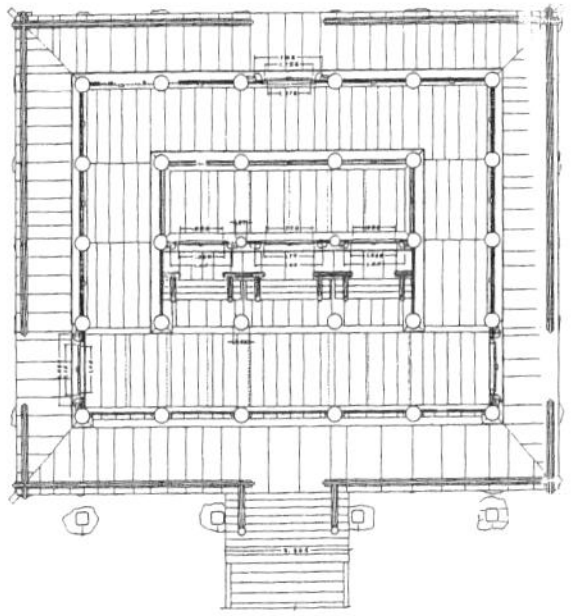

図68-1　両流造（宗像大社辺津宮本殿）

正面の庇を祭祀空間の外陣とし、背面の庇を神宝庫とする。本殿内に玉殿を安置するのは、海上に建つためである。陸上の神社では、春日大社のような小型の本殿でも風雨に耐えられるが、海上の風浪では危ういので、小型本殿を玉殿として超大型本殿の中に格納したものと考えられる。その結果、史上最大の本殿が誕生した。

両流造は、厳島神社本殿の創建よりも少し早く、平安時代後期の十一世紀頃に成立したと思われ、気比《けひ》神宮（越前《えちぜん》一宮、福井県敦賀市）・気多《けた》大社（能登《のと》一宮、石川県羽咋市）・宗像《むなかた》大社辺津宮《へつみや》（福岡県玄海町）・太宰府天満宮（同太宰府市）・松尾《まつお》大社（二十二社、京都市）といった著名な大社の本殿にのみ応用されている。背面側の庇については、特別に高い社格に基づいて神宝《じんぽう》を朝廷等から奉献され

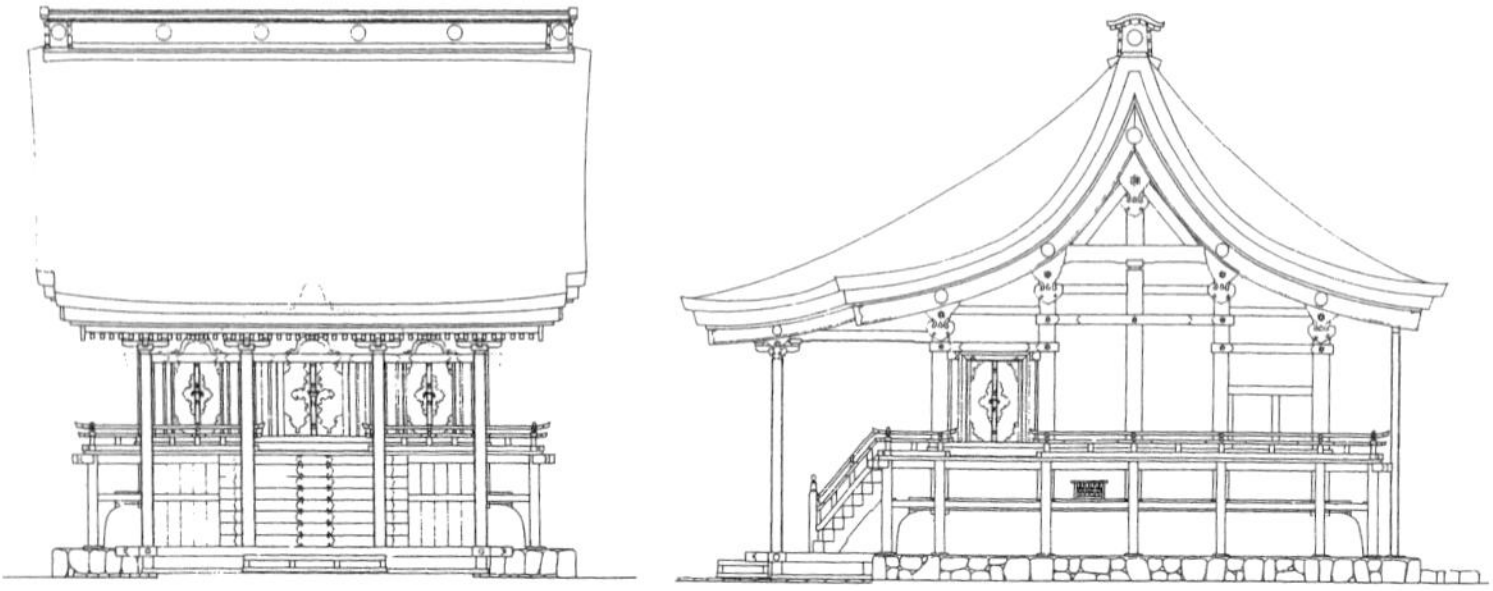

図68-2　両流造（松尾大社本殿）

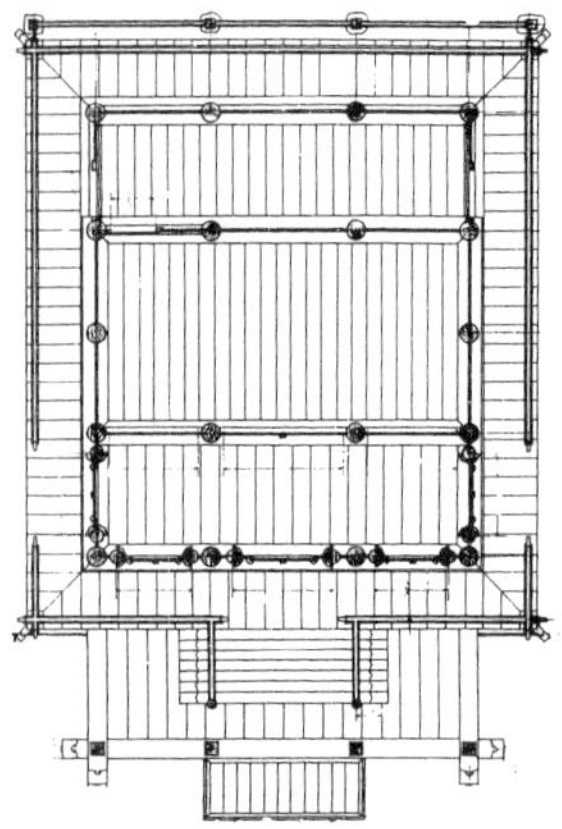

ることが多く、それを納める神宝庫としての機能があったと考えられ、したがって、一般的な神社には応用できない本殿形式であった。鎌倉時代以降になると、神宝の奉献が激減し、他社に普及することはなかったらしい。なお、内陣に玉殿を安置するのは、海上に建つ厳島神社だけである。

また、宗像大社と太宰府天満宮は重要文化財指定時の形式名では流造になっているが、身舎の前後に庇を設けるという、両流造の定義に従えば、当然に両流造とみなすべきものである（図68参照）。

図69　日吉大社東本宮本殿

日吉造　比叡山延暦寺の鎮守社であった日吉《ひよし》大社（二十二社、旧称は山王《さんのう》社、滋賀県大津市）だけに見られる特別な本殿形式で、その西本《にしほん》宮《ぐう》・東本宮・宇佐宮《うさぐう》の三棟の本殿に応用されている。平安時代中期、十世紀頃の成立と考えられる。

桁行三間、梁間二間の身舎の正面と両側面に庇を設けたもので、屋根は入母屋造の背面側を切り落としたような独特な形状となる。したがって、正面から見るとまるで入母屋造であるが、背面から見ると切妻造の左右の妻面に庇を付けた形がよく分かる（図69参照）。背面から見える左右の庇の屋根には、縋《すがる》破風《はふ》と呼ばれる破風板が端部に取り付いている。

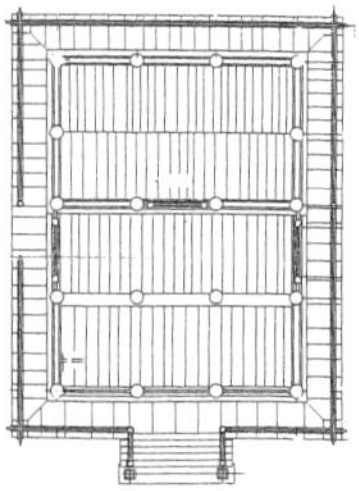

図70　宇佐神宮本殿

縋破風を用いると、その上の屋根面に必ず折れが生じる。瓦葺ではその処理が困難であるが、檜皮葺の屋根では容易に折れを処理でき、その折れによって屋根面に心地よい曲面が形成される。そうした縋破風による造形は、平安から鎌倉時代にかけて流行しており、中国建築と大きく趣を異にする日本建築独特の造形美である。

二つの身舎をもつ八幡造

全国で最多の神社は八幡神社であって、その総本社である宇佐《うさ》神宮（旧称は宇佐八幡宮、豊前《ぶぜん》一宮、大分県宇佐市）の本殿形式が八幡造である（図70参照）。八幡三神（応神《おうじん》天皇・神功《じんぐう》皇后・比売《ひめ》大神《おおかみ》）を祀るため、三棟の八幡造の本殿が並び建つ。それぞれ三間社で、文久元年（一八六一）の再建であるが、細部は古式である。

八幡造は、切妻造平入の身舎を二棟、前後に並べて接続した本殿形式で、したがって側面から見ると、二つの切妻が連なる特異な姿をしている。前後の身舎の間は、相《あい》の間《ま》（造合《つくりあい》）といい、前後の身舎から下ってくる屋根の谷下となり、雨水を受ける樋《とい》が渡されている。後ろ側の身舎は内院（内殿・後殿）と呼ばれ、御帳台《みちょうだい》が置かれているので神の御座であろう。前側の身舎は外院（外殿・前殿）と呼ばれ、倚子《いし》が置かれているので昼間だけの神の御座と考えられる。神の専有空間が二つある形式であって、住吉造と同様な間取りである。上代の住宅の様相を再現したものと思われ、平安時代初期の九世紀までには成立した古い本殿形式である。

ところで、八幡造は、正堂《しょうどう》と礼堂《らいどう》を前後に並べる、寺院建築の双堂《ならびどう》（東大寺法華堂や法隆寺食堂・細殿など）と形態が似ているので、寺院建築の影響によって成立したとする意見が強い。しかし、八幡造の外院が神の専有空間であるのに対して、寺院の礼堂が俗人の礼拝空間であること、八幡造の内院が高床式の日本宮殿建築なのに、寺院の正堂は土間床の中国宮殿建築であることなどからすれば、建築空間としてはまったく異質のもので、似て非なる建築とすべきであろう。

八幡造の例は珍しく、五間社の柞原《ゆすはら》八幡宮（豊後《ぶんご》一宮、大分市）、三棟の八幡造を横方向に連結して棟を通した、十一間社の石清水《いわしみず》八幡宮（二十二社、京都府八幡市）や九間社の伊《い》佐爾波《さにわ》神社（愛媛県松山市）があるが、いずれも江戸時代の建築である。

入母屋造の本殿の登場

入母屋造の本殿の始まり

入母屋造は、平安時代後期以降になると最高級の屋根形式とみなされるようになったが、伝統に固執する神社では、拝殿は別として、本殿に入母屋造を採用することは、かなり躊躇されたようである。

現存最古の入母屋造の神社本殿は、御上《みかみ》神社（滋賀県野洲市）で、南北朝時代の建武《けんむ》四年（一三三七）の再建である（図71参照）。その拝殿は旧本殿を改造したもので、正安《しょうあん》二年（一三〇〇）の建築と考えられるので、当社の入母屋造本殿の成立は鎌倉時代後期に遡る。三間四方の本殿で、正面に一間の向拝を設ける。中央に一間四方の内陣を置き、その正面や側面を外陣とし、背面すなわち本殿後方一間は板壁で仕切って神宝庫とする。内陣・外陣と背面の神宝庫との境は板壁で完全に仕切られているので、背面中央に扉を設け

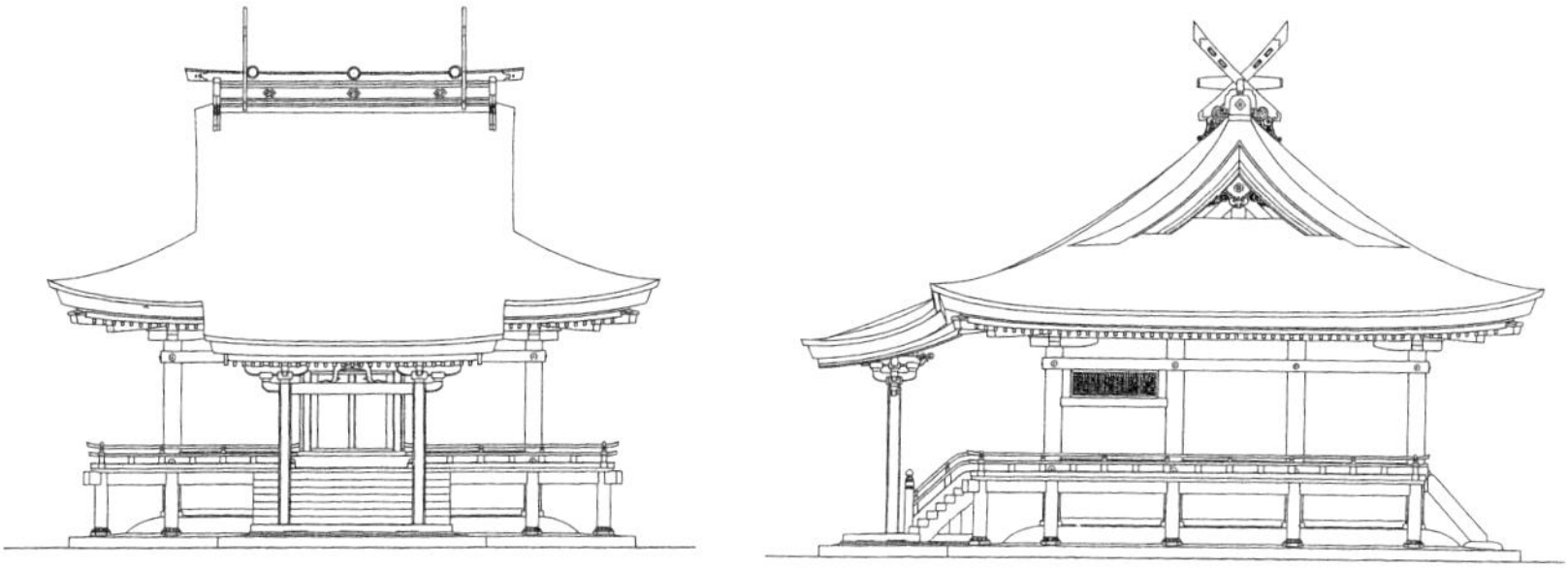

図71　御上神社

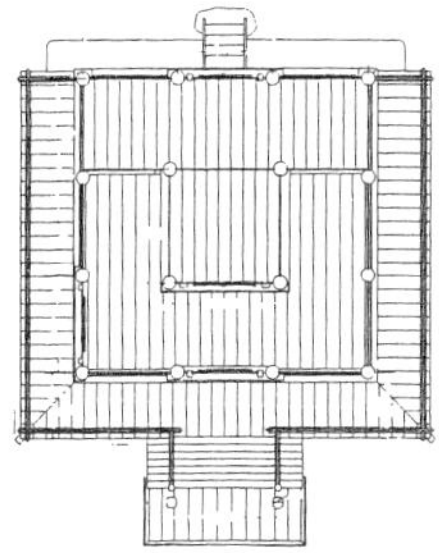

て神宝庫への出入り口としている。

ところが、背面中央にも扉があるので、太田博太郎は、この扉を神体山とされる三上山を拝むための開口部と考えて、かつては拝殿であったとする。そして、拝殿が本殿に転化してできた本殿形式とし、入母屋造本殿の成立を説明した。しかし、三上山が神体山であったという記録はまったくなく、ただの社領であり、中世には燃料とする草木の採集場であった。さらに三上山は本殿の背後ではなく、横にあって、本殿背面の扉を通して三上山を拝むことはできない。また、内陣との境は厳重な板壁であって、まったく後方を見通すことができない。背面中央の扉は、明らかに神宝庫の出入り口である。したがって、拝殿から入母屋造本殿が始まったという説は明確に否定される。

御霊系の神社本殿

話を変えて、記録から入母屋造本殿の成立を考えてみよう。古記録から分かる最初の入母屋造本殿は、八坂神社（旧称は祇園《ぎおん》社、二十二社、京都市）である。現在の本殿は、承応《じょうおう》三年（一六五四）再建で、祇園造とも呼ばれる巨大な入母屋造である（図72参照）。その本殿内部は、神の専有空間である小宝殿と、礼拝のための人の座である礼堂を前後に並べる斬新なものである。平安時代末期の久安《きゅうあん》四年（一一四八）再建時には、この祇園造本殿が確実に成立しており、さらに延久《えんきゅう》三年（一〇七一）再建時に遡るらしいと考えられている。

また、北野天満宮（二十二社、京都市）は、入母屋造の本殿と拝殿を土間床の「石の間」で連結した権現造《ごんげんづくり》の社殿の最古例で、豊臣秀頼が慶長十二年（一六〇七）に再建し、寛文九年（一六六九）に大修理をなされたものである。本殿の中心部に正面三間の身舎があり、そこを内陣とし、その四面に庇を加えて外陣としている。外陣には、かつては俗人までもが出入りしていたことが分かる。鎌倉時代前期の天福《てんぷく》二年（一二三四）再建時には、ほぼ現在のような権現造社殿が成立していたことが文献上で明らかで、さらに平安時代後期に遡るものと考えられている。

したがって、入母屋造本殿の誕生は、平安時代後期の十一世紀以降のこととなり、比較

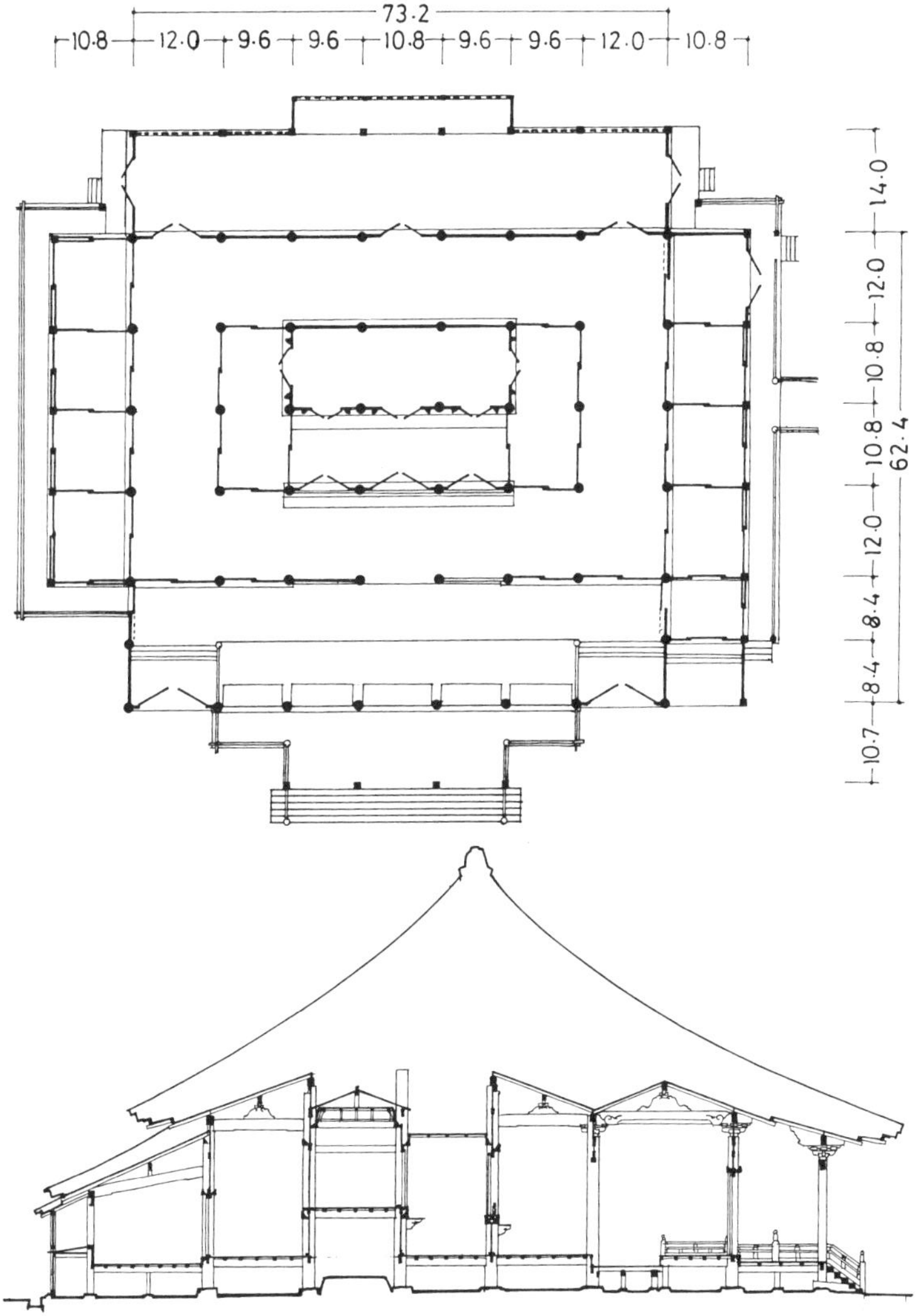
73.2
10.8
12.0
9.6
9.6
10.8
9.6
9.6
12.0
10.8
14.0
12.0
10.8
10.8
62.4
12.0
8.4
8.4
10.7

図72　八坂神社本殿

的に新しい本殿形式である。しかも、八坂神社や北野天満宮といった、御霊《ごりょう》（祟りをなす神）を祀る特殊な神社から入母屋造本殿が始まったのであって、神仏習合がとくに著しい神社であったことが注目される。そのことからすれば、逆に一般的な神社では、入母屋造を本殿に応用することが強く躊躇されていたと推察される。平安時代の貴族住宅・寝殿造の寝殿や対屋は入母屋造と思われているが、切妻造の妻面に縋破風で庇をつけたものであった可能性があり、神社本殿だけではなく、俗世の住宅でも平安時代後期までは入母屋造が一般的であったとは言えないであろう。

鎌倉時代も後期になって、入母屋造が最高格式の屋根である、と宗教界にも俗世にも広く認知されてから、一般的な神社本殿にも入母屋造が応用されるようになったようだ。前掲の御上神社がその例で、同じく滋賀県にある応永二十一年（一四一四）の大笹原《おおささはら》神社本殿（野洲市）などが早い例である（図73参照）。室町時代後期になって徐々に入母屋造本殿の例が増えていき、そして、桃山時代になると、大型の社殿には積極的に入母屋造が採用されるようになった。

入母屋造の本殿は多様

入母屋造は単なる屋根形式の種別なので、神明造や日吉造のような本殿形式とは違って、さまざまな形式の本殿を包括している。たとえば、さきほど紹介した滋賀県の御上神社本殿と大笹原神社本殿は、ともに正面三間、側面三間の入母屋造の平入で、向拝一間を付け、檜皮葺としており、両者の規模形式は同一なのであるが、その平面形式はまったく違うものである。

御上神社本殿は、前述したように中央に一間四方の内陣を設け、その正面・側面にコの字形の外陣を回し、後方は神宝庫に区画し、柱はすべて円柱である。それに対して大笹原神社本殿では、前方一間は格子戸を建て並べた開放的な外陣として礼拝空間とし、その奥一間は正面に蔀を並べた内陣、最後方一間は扉で厳重に区画した内々陣とし、内々陣のみを閉鎖的に造る。

図73　大笹原神社本殿

大笹原神社本殿の外側の柱は、向拝を別としてすべて円柱であるが、内部の外陣内陣境・内陣内々陣境の合計四本は角柱である。柱の使い分けからすれば、内部の角柱は本来の柱ではなく、間仕切りのためにやや仮設的に補われた柱ということになる。後世の入母屋造本殿なら、正面の外陣

図74　多治速比売神社本殿

部分を角柱とし、後方の内陣部分を円柱とするのが定型であって、この本殿のみが異質の形式である。しかしながら、内陣と外陣に一体の入母屋造の屋根を架ける場合には、内陣と外陣ともに円柱とするのがむしろ正統であり、この本殿が正統な入母屋造であることこそ、初期の入母屋造本殿であることを示す特徴とも言える。三間四方の入母屋造の仏堂の外観を本殿に応用したものとも言えよう。

さらに、大阪府の室町時代や桃山時代の入母屋造本殿には、正面三間、側面二間や一間を身舎として入母屋造の屋根を架け、その正面に三間の向拝をつけた形式がある。錦織《にしごおり》神社（富田林市）本殿・多治速比売《たじはやひめ》神社（堺市）本殿が代表的である（図74参照）。

図75　八幡神社本殿（鹿児島県大口市）

図76　備後の入母屋造本殿（光末清瀧神社本殿）

側面すなわち梁間が二間の身舎だけの建物で入母屋造の屋根を架けるのは、古くは門や鐘楼などの小型建築に限られていたが、室町時代には広く行われるようになったもので、それが神社にも応用された例である。これらの本殿は、平面は流造と共通しているので、入母屋造となる前は三間社の流造であったと思われる。

また、後述するように、室町時代には、三間社の流造の正面の庇に高床を張って、吹き放ちの外陣とした本殿形式が地方で流行する。それと同じ平面に入母屋造の屋根を架けた例が室町時代後期に現れ、八幡神社本殿（鹿児島県大口市）などの現存例がある（図75参照）。江戸時代になると、そうした入母屋造本殿が全国に分布し、とくに備中・備後にかけて、現在の岡山県西部から広島県東部に集中し、その地方での鎮守社の主流となっている（図76参照）。

特殊な入母屋造の本殿

入母屋造本殿は、多様な本殿形式を含むものであるが、次に、その中でもとくに学界から注目されてきた本殿について簡単に触れておきたい。これらの本殿は、一宮などの有力神社であり、一宮の成立とともに他社を圧倒するような大規模な本殿として創始され、それが後世の形式変更によって入母屋造に変じたものや、上代に遡る古式な平面形式を残しつつ入母屋造の屋根に改変されたものを含んでいる。神社本殿の本質を知るのに、避けて通るわけにはいかない。

日前國懸神宮

日前國懸神宮《ひのくまくにかかす》（紀伊一宮、和歌山市）は、日前神宮と國懸神宮の二宮からなる。天岩戸《あまのいわと》に隠れた天照大御神をおびき出すために作られた、鏡と矛を神体とする全国屈指の古社である。両宮には同規模同形式の本殿が建つ。現在の本殿は大正十四年（一九二五）の再建である。正面五間、側面三間の入母屋造、平入で、正面に一間の向拝を付ける。内部は向かって左側二間を内陣、右側三間を外陣としており、正面中央の扉を入り、左に直角に曲がって内陣へ進むという、珍しい平面形式である。すなわち、内部は横方向に使われる。

内陣も外陣も土間式で、内陣には内殿を設けて神座としている。土間式であるのは、この地方の飛鳥時代の宮殿形式を踏襲したものと考えられる。また、内部を横方向に使うのは、寝殿造や書院造など、飛鳥時代から近世に至るまでの日本の住宅建築の通例である。古くは切妻造の平入であったと思われ、入母屋造になったのは江戸時代の可能性がある。その平面の古式と特異性からすれば、日前國懸造と呼びたい。

貫前神社

貫前神社《ぬきさき》（上野《こうづけ》一宮、群馬県富岡市）は、貫前造と呼ばれる特異な本殿形式である。正面三間、側面三間の入母屋造、妻入で、正面に向拝三間を付ける。この本殿が特異なのは、本殿内部が二階建てになっていて、一階には神の空間がなく、二階に神座が設けられていることである。したがって、一階はすべて外陣というべきであり、二階が内陣である。その特異性から、神道や神社建築の研究者から注目を集めている。

しかし、二階建ての本殿とされてはいるが、二階というよりは、屋根裏部屋というべきもので、本殿の屋根裏（学術的には小屋《こや》という）に板張の一室（内陣）を設けて、その後方に小さな神棚を造り、そこを神の空間である神座としている。二階内部が板張りであるのは、板を張らないと小屋組の部材（束や貫など）が見えてしまうためで、その板張は仕事が粗く、明らかに後世の改造によるものである。雷神窓と呼ばれる小さな窓が正面側に一つだけ開かれており、そこから雷神が殿内へ入るとする研究者もいるが、その窓は入母屋造の破風内の妻壁を切り抜いて作られており、二階の明かり採りとして後世に新設されたものらしい。さらに神棚は仕事が粗く、当初からの形式ではなさそうである。現在の本殿は、江戸時代初期の寛永十二年（一六三五）の再建であるが、十九世紀に伊勢神宮に倣って心御柱が新設され、屋根裏へ登る階段（ほかの建物のものを転用、また上がり口が格天井の割り付けと合わず、改造であることを示す）を設け、屋根裏に内陣が新設されたようである。当初は二階には人が上がることができず、一階の後方二間が内陣で、そこが神の空間とされ、前方一間を外陣としていたものと考えられる。ただし、当初は心御柱がなく、本殿中央部に四本の柱（後方二本は心御柱と階段の新設時に切除）が立ち、その柱は天井を貫いて小屋内まで立て登っている。立て登せ柱は、中世以降の大規模な建築で行われる構造技法である。その四本柱で囲われた小屋内の空間（現在の二階神棚はその範囲外）は、本殿の建築完工後は接近不能となるが、特別な神の座、たとえば天より降臨する神の居場所であったとも考えられる。他の神社ではそうした形態は存在しないが、神明造の籠《この》神社（丹後国一宮、京都府宮津市）では類似した秘伝があり、一考を要する。

現在の本殿の入母屋造の妻入という形式は、後で述べる中山造と同様に室町時代後期の成立と思われる。外観には類似性があるけれども、中山造と比べると、一間の向拝に対し三間の向拝があること、玉殿を安置しないことといった、本質的な相違があり、その祖型はまったく異なる形式であったと思われる。入母屋造の妻入となる以前は大型の切妻造の妻入本殿であったかもしれない。上野国に大古墳が分布することからも、出雲国と同様に上代からの特色ある文化圏であり、独自の本殿形式があったと十分に考えられる。

浅間造

ところで二階建ての本殿といえば、浅間造が唯一の例である。富士山本宮浅間大社《ふじさんほんぐうせんげん》（駿河《するが》一宮、静岡県富士宮市）の本殿は、三間社流造を五間社の屋根上に載せた二階建て形式で、浅間造と呼ばれている（図77参照）。一階部分は、四方に屋根を葺き下ろしているので、入母屋造あるいは寄棟造の社殿と見なせるが、神社であるので寄棟造ではなく、入母屋造であると見なすべきであろう。その入母屋破風より上部を削り取って、流造本殿を載せたものである。富士山の神である木花之佐久夜毘売命《このはなのさくやびめのみこと》を祭神としており、奥宮《おくみや》が富士山頂にある。本殿を屋根上に載せて高い位置に祀るのは、日本一の霊峰の神のためであろう。

静岡浅間神社《しずおかせんげん》（正式には神部《かんべ》神社浅間《あさま》神社、静岡市）には、珍しい二階建ての拝殿がある

図77　富士山本宮浅間大社本殿

図78　静岡浅間神社拝殿

（図78参照）。背後の高いところに本殿が建てられているので、拝殿を二階建てにしたものと思われるが、富士山本宮から分祀した浅間神社も祀るので本社に倣って拝殿の方を二階建てとしたものかもしれない。

吉備津神社

吉備津神社（備中《びっちゅう》一宮、岡山市）本殿は、前後に入母屋造を並べた比翼入母屋造で、吉備津造とも呼ばれる（図79参照）。正面三間の内々陣を神の専有空間とし、その周囲を中陣と外陣で二重に取り巻いた平面であって、さらに正面側は、中陣と外陣の間に「朱の壇」という礼拝空間を設けている。内々陣が狭義の本殿で、朱の壇が礼殿であって、その二つの社殿を合体させて成立したことが比翼入母屋造という屋根形式で表されている。正面五間（背面七間）、側面八間という巨大本殿である。

この比翼入母屋造本殿は、鎌倉時代初期の十二世紀末の成立と考えられ、現在のものは応永《おうえい》十二年（一四〇五）に再建（仮葺き）、同三十二年に檜皮葺に改められたものである。東大寺大仏殿の鎌倉再建に採用された建築様式である、天竺様《てんじくよう》が細部に使われていることが有名である。礼殿を包含する点で八坂神社本殿と類似しており、伝統的な和様ではなく、新来の天竺様を採用することも併せて、寺院建築の強い影響が窺える。また、この神社の祭神は皇族の吉備津彦命《きびつひこのみこと》とされ、平安末の『梁塵秘抄《りょうじんひしょう》』に「一品聖霊吉備津宮《いっぽんしょうりょうきびつぐう》」と記されているように、一般的な神社ではなく、霊廟的な性格をもっていたことが知られ、

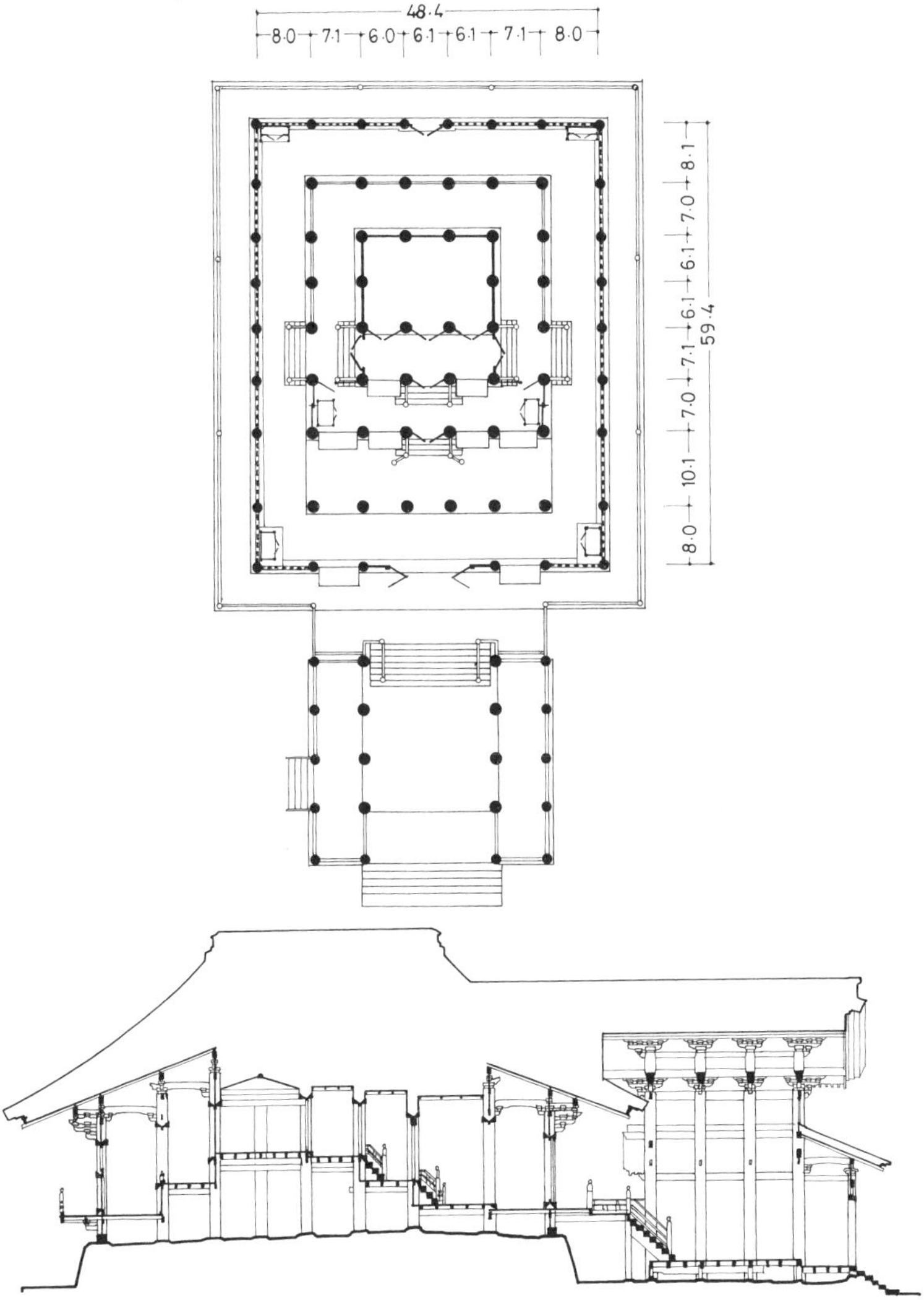

図79　備中吉備津神社本殿

いち早く入母屋造が応用されたものと考えられる。

中山神社

中山《なかやま》神社（美作《みまさか》一宮、岡山県津山市）本殿は、正面三間、側面三間の大型の入母屋造の妻入で、正面に一間の向拝を付ける（図80参照）。内部は正面一間分を外陣とし、後方二間を内陣とし、内陣に三基の玉殿を安置する。現在の本殿は永《えい》禄《ろく》二年（一五五九）の再建で、津山市内には、総社・鶴山八幡宮といった同様な妻入の入母屋造本殿が分布しており、中山造と呼ばれている。室町時代後期の成立と考えられるが、それ以前は同じ平面形式に切妻造、妻入の屋根を掛けていたと思われる。

土佐神社

土佐神社（土佐一宮、高知市）本殿は、正面五間、側面四間の大型の入母屋造の平入で、正面に三間の向拝を付ける（図81参照）。内部には正面三間の内陣を設け、その四面に庇を廻らせて外陣とするが、内部の架構は密教本堂のようである。土佐造と呼びたい形式である。現在の本殿は、元亀《げんき》二年（一五七一）の再建であるが、鎌倉時代に成立した本殿形式と思われる。

聖神社

聖《ひじり》神社（大阪府和泉市）は、入母屋造の多い大阪府の神社の中でも特異な形式である（図82参照）。慶長九年（一六〇四）の再建で、正面三間、側面三間の入母屋造、平入に向拝一間をつけたものである。内部の後方には正面一間（実長は二間）の内陣を設け、その三方を外陣で囲む。内陣の床は外陣よりはるかに高く、そこに

図80　中山神社本殿

図81　土佐神社本殿

図82　聖神社本殿

玉殿を安置している。内陣が高く玉殿を安置し、コの字形に外陣が取り巻くのは、厳島神社本社・同摂社客神社の本殿と類似するが、海上社殿であって複数の玉殿を安置する厳島神社とは起源を一にするものではない。入母屋造となったのは、古くはなさそうで、もとは切妻造あるいは切妻造の正面に庇を付けた形式など、平安時代に遡る形式であった可能性がある。聖造と称してもよいような形式である。

香椎宮　香椎造と呼ばれている香椎《かしい》宮《ぐう》（福岡市）本殿は、江戸時代後期の享和元年（一八〇一）の再建である。正面三間、側面三間の入母屋造を本体として、その左右に切妻造の車寄《くるまよせ》を突きだした形式である。福岡県地方の本殿には、車寄として側面にも向拝を付ける例が多く（筥崎宮・太宰府天満宮・宗像大社辺津宮など）、その一種である。

連棟式の本殿

複数棟の本殿

祭神が多い神社では、多数の本殿が建てられることになる。それらが広い境内に分散して配置される例では、日吉大社の東本宮・西本宮・宇佐宮などが代表的である。同型同大の複数棟の本殿がまとまって配置されている例では、春日大社（春日造）・住吉大社（住吉造）の四棟ずつ、宇佐神宮（八幡造）・宇太水分神社（春日造）の三棟ずつの本殿が代表的である。

格式が相違する複数の祭神のために、規模形式を異にする多くの本殿を横一列に並べて建てた例も少なくなく、熊野三山として名高い熊野本宮大社（和歌山県田辺市、現状は四柱、三棟）・熊野速玉《くまのはやたま》大社（同新宮市、十二柱、五棟）・熊野那智《くまのなち》大社（同那智勝浦町、十三柱、六棟）、その分祀である熊野神社（岡山県倉敷市、十三柱、六棟）（図83参照）がその顕著な例である。なお、宇太水分神社では、主祭神のための三棟の本殿と末社本殿二棟が一列に並ぶ（図84参照）。主祭神のための本社本殿を中心にして、その左右に摂社や末社の小型の本殿を複数建て並べる例は、全国で普通に見られ、広八幡《ひろはちまん》神社（和歌山県広川町）や泉穴《いずあな》

図83　熊野神社（岡山県倉敷市）に並ぶ本殿

図84　宇太水分神社に並ぶ本殿

師《し》神社（大阪府泉大津市）などが代表的である。

春日造を連結

春日造本殿は小型の一間社が標準で、複数の祭神に対して一棟ずつの本殿を建てるのには都合がよい。春日大社以外では、和歌山県の高野山付近にある丹生都比売《にうつひめ》神社・丹生官省符《にうかんしょうふ》神社・宝来山《ほうらいさん》神社などに四棟から三棟の春日造本殿が並んでいる。

小型の春日造本殿を横一列に近接して並べると、屋根からの雨だれが隣の本殿に掛かり不都合であるので、それらの屋根を繋いで一連の長大な本殿としてしまうことが行われる。二棟の春日造を連結したのが平野《ひらの》神社（二十二社、京都市）本殿で、現在では比翼《ひよく》春日造と呼ばれている。比翼とは屋根の棟を二つ並べることである。平野神社には比翼春日造本殿がさらに左右に並んで二棟現存しており、寛永三年（一六二六）と同九年の再建であるが、平安時代後期には比翼春日造の形式が成立していたことが知られる。一間社春日造本殿の身舎二つを左右に並べて、合の間《あいのま》という繋ぎの空間を挟んで連結した平面である。したがって、正面の庇は三間連続し、正面三間の堂々とした三間社となった。その後方に春日造本殿の破風が二つ並び、造形的に優れた外観を呈する。平安時代後期以降、三間社流造が地方の鎮守社として一般化しつつあったので、一間社という旧来の小型本殿では、古来の有名神社本殿としては次第に不相応となっていったと想像され、二棟を連結して三間社に再編することは妙案だったと言えよう。
また、昭和三十六年再建の西宮神社《にしのみや》（兵庫県西宮市）本殿は、春日造本殿を三棟連結した三連《さんれん》春日造の本殿で、戦災焼失した旧国宝本殿も同形式であった。

連棟式の流造

春日造だけではなく、流造の本殿も横並びに建てられた例が比較的に多い。ほぼ同格の二神を祀る神社では、同型同大の本殿を二棟並べて建てることになる。その代表例が京都の賀茂御祖《かもみおや》神社（俗称は下鴨《しもがも》神社、二十二社・山城一宮）で、東西二棟の三間社流造本殿が並ぶ。現在の東西本殿は幕末の文久三年（一八六三）再建であるが、軒（垂木配置）の形式などは奈良時代後期から平安時代初期を思わせるもので、流造本殿最古の形式を保っている。

三間社本殿を二棟並べるのは大がかりなことなので、それを簡略化して、一間社流造を二棟近接して建て、両者を合の間で連結した連棟式の流造が鎌倉時代後期に考案された。江戸時代には相殿造《あいどのづくり》とも呼ばれた形式である。相殿とは複数の祭神を一棟の本殿に祀ることを意味する。

古来の由緒の深い神社では、二神を一棟の本殿に併せ祀るようなことは許されない。三間社本殿を二棟も建てるのは容易ではないので、小規模な一間社流造を二棟並べ建てることになるが、それよりも、三間社流造という正式規模の本殿一棟で二神が祀られる相殿造のほうが立派で効率がよかった。京都醍醐寺の鎮守社の清滝宮《せいりゅうぐう》本殿が代表例である（図85参照）。

なお、静岡浅間神社では、二棟の三間社流造を合の間を挟んで連棟式としており、長大な七間社流造となっている。文化十年（一八一三）の再建である。

連棟式流造の千鳥破風

同じ三間社流造でも通常の本殿と相殿造の本殿では、細部意匠が相違しており、外観から一目で区別できる。相殿造本殿では、中央間は合の間で、いわば空き部屋なので、その正面には扉や木階はない。その一方、左右の脇間は内陣の正面になるので、扉や木階を備えている。それに対して、通常の三間社流造では、中央間だけに扉や木階を備えている。

また、三棟以上の本殿を連棟式にする例では、内陣と合の間が交互に多数並ぶことになって、単調な長屋に見えてしまう。どこが各内陣の正面であるのかが、分かりにくい。扉や木階の有無だけではなく、もっと顕著に内陣の位置を表示し、祭神の顕在を示す必要があった。そこで、内陣のある柱間の上方に千鳥破風を設けて明示するという、画期的な神社形式が生まれた。

三棟の流造を連棟式にした五間社流造の添《そうの》御《み》県《あがたにいます》坐神社（奈良市）では三つ、五棟を連棟式とした九間社流造の住吉神社（長門《ながと》一宮、山口県下関市）では五つの千鳥破風が並ぶ

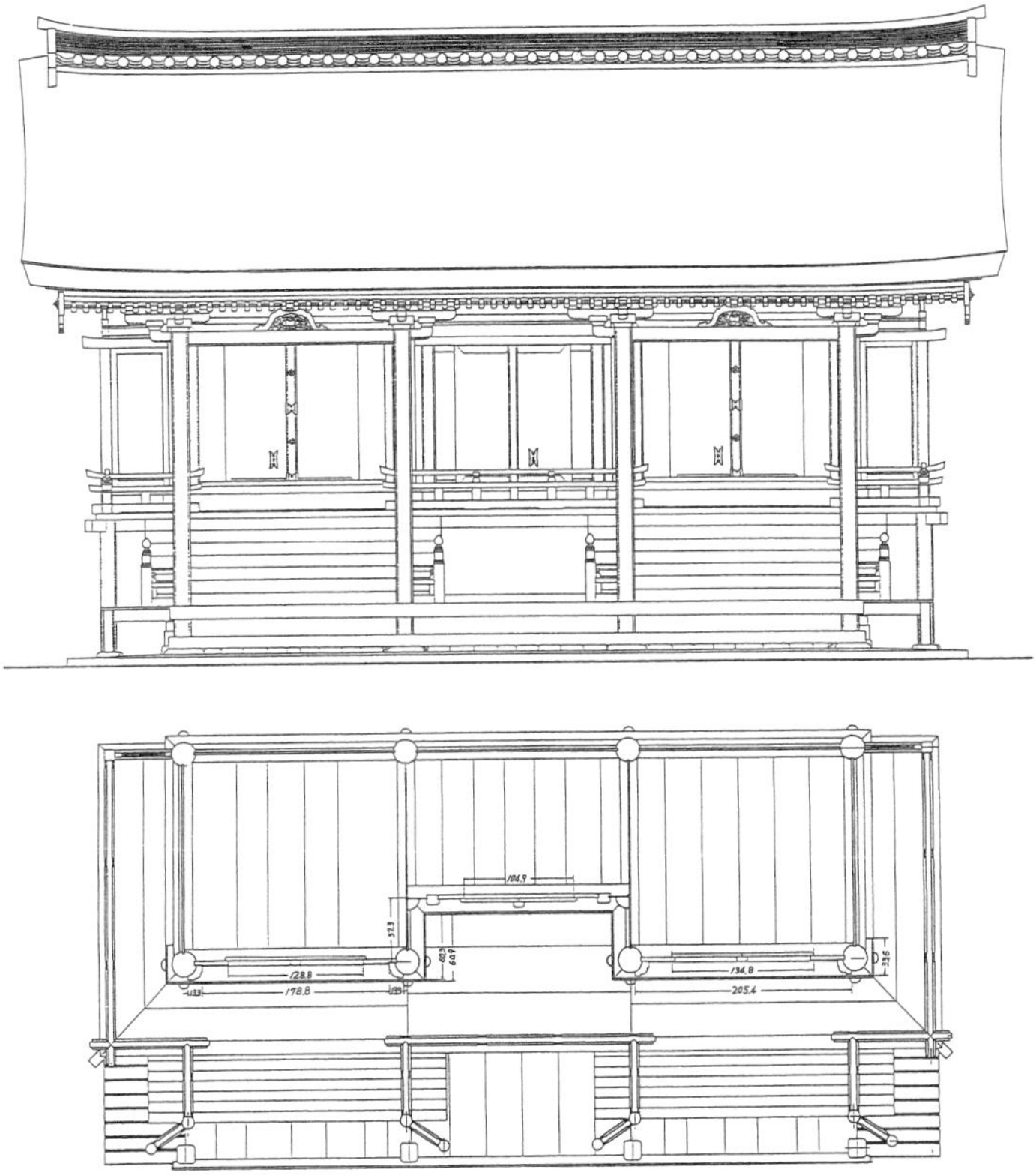

図85　醍醐寺清滝宮本殿

（図86参照）。二棟の連棟式の泉穴師《いずあなし》神社（大阪府泉大津市）本殿は、三間社流造に二つの千鳥破風を付けた珍しい例である（図87参照）。

ここで付言しておくと、こうした連棟式の流造本殿の千鳥破風を並べた意匠は、複数棟の春日造本殿を横に連結したものから生じたとされている。連結された春日造本殿の背面において、いちいち切妻破風を並べて造るのが面倒であり、また屋根面に谷ができて雨じまいも悪いので、一連の傾斜屋根にしてしまったのが連棟式の流造の起源であるという。連棟式の流造に祭神の顕在を示すために千鳥破風を付加したとしても、まったく同様な形式となる。要するに、どちらが起源であるのかは判然としない。

さまざまな本殿の連結

春日造や流造だけではなく、大社造本殿を二棟連結した比翼大社造もある。美保《みほ》神社（島根県松江市）本殿がその例で、比翼春日造と同じ発想から生まれた本殿形式であるが、全国に一例しかなく、美保造と呼ばれている（図88参照）。

三棟の八幡造を連棟式にした本殿は、石清水八幡宮《いわしみずはちまんぐう》（二十二社、京都府八幡市）（図89参照）と伊佐爾波《いさにわ》神社（愛媛県松山市）である。前者は三棟の三間社八幡造に合の間を一間ずつ加えて連棟とした十一間社、後者は合の間を加えないで連棟にした九間社である。

この連棟式八幡造を簡略化して流造としたのが窪《くぼ》八幡神社（山梨県山梨市）で、十一間

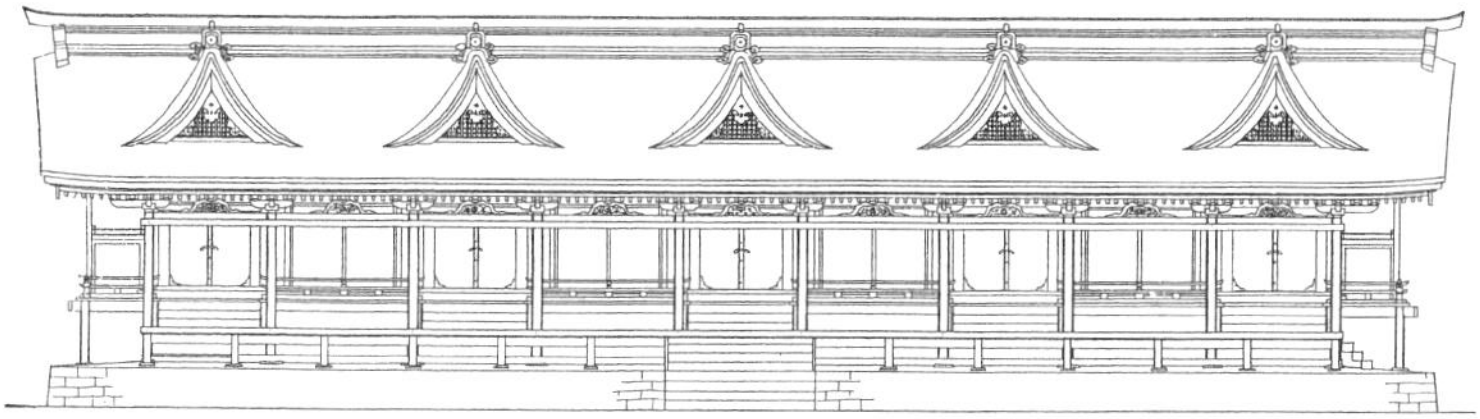

図86　長門住吉神社本殿

図87　泉穴師神社本殿

図88　美保神社本殿の背面

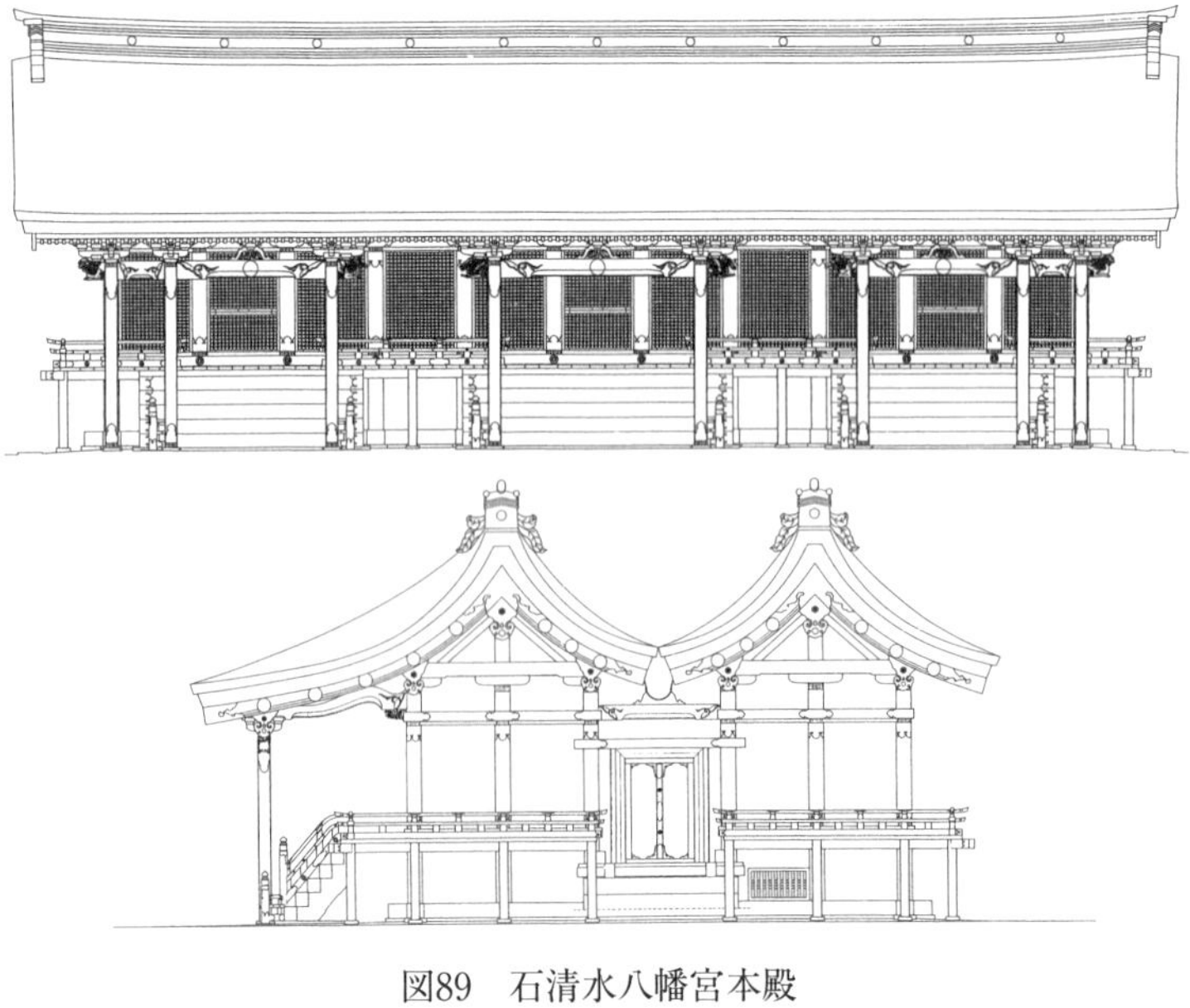

図89　石清水八幡宮本殿

社流造である（図90参照）。一般的な流造本殿であれば、庇の柱は角柱とされるべきであるが、この例では庇柱も正式な円柱としている点に注目すべきである。この本殿は流造ではなく、八幡造の外殿を簡略化して庇にしてしまったことを、その柱の形の相違で表示したものと考えられる。このような建築意匠のわずかな相違で、起源の違いを示していることもあるので、神社本殿の観察には醍醐味があるのだ。

吉野水分《よしのみくまり》神社（奈良県吉野町）本殿は異種混合型の連結本殿である（図91参照）。全体として見れば九間社の流造とも言えるが、中央間は一間社の春日造のようで独立性が高く、その左右に合の間を加えて千鳥破風つきの三間社流造を連結した形式である。主祭神の本殿を中央に置き、その左右に規模形式が相違する摂社本殿を並べるのは多くの神社に見られることで、それを連結した希有の形式である。

広峯《ひろみね》神社（兵庫県姫路市）本殿は十一間社の入母屋造（図92参照）、吉川《よしかわ》八幡宮（岡山県吉備中央町）本殿は五間社の入母屋造であるが、これらも一種の連棟式本殿と言えよう。

連棟式流造の元祖の宇治上神社

宇治上《うじがみ》神社（京都府宇治市）は、平等院鳳凰堂の川向かいに鎮座する。その本殿は、現存最古の神社本殿で、平安時代後期の十二世紀の建築である（図93参照）。現存唯一の平安時代の神社建築である。全体として見れば五間社の流造であるが、内部は土間で、前面はすべて格子であって、神社本殿

図90　窪八幡神社本殿の背面

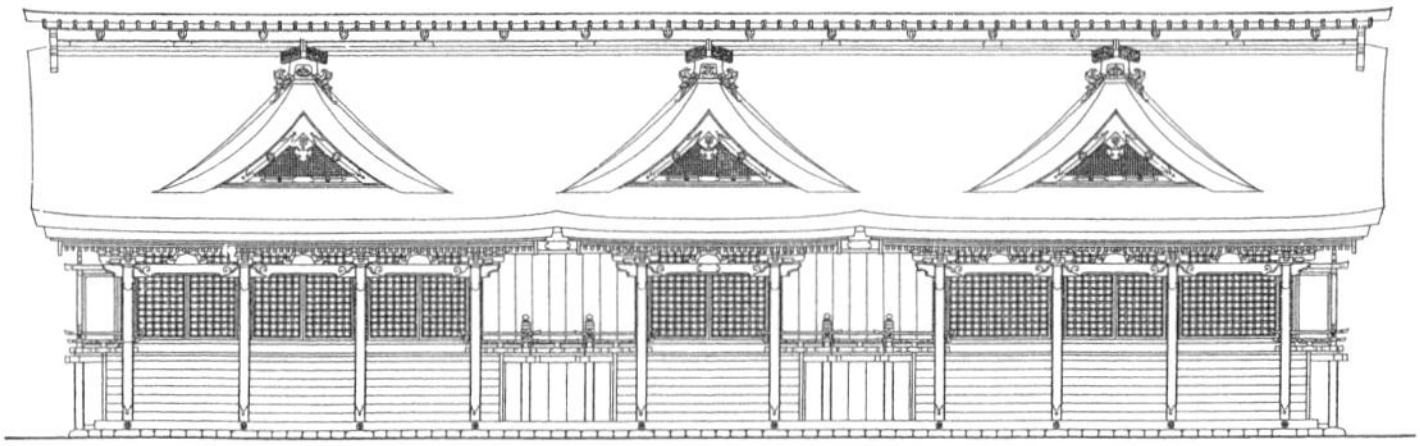

図91　吉野水分神社本殿

図92　広峯神社本殿

図93　宇治上神社本殿

の形態を備えておらず、本殿の覆い屋のようである。その内部には、少しずつ大きさ・細部意匠・建築年代の相違する一間社流造本殿を三棟（左殿・中殿・右殿）並べて、連棟にしたような形式でもある。詳しく見ると、左殿と右殿を大きく離して建て、両者の屋根を連棟させて大きな五間社の流造とし、両者の間に屋根や外壁を別とした独立的な中殿を置いたような形式である。左殿や右殿と両者を繋ぐ五間社の外壁との収まりは雑然としており、明らかに後世の改造によって連棟式本殿となったもので、鎌倉時代の改造であろう。後世の連棟式流造とは違って、各殿の独立性が高く、一間社流造本殿三棟を仮設屋根と壁で繋いだものとも言える。

神社本殿の起源

本殿の始まり

飛鳥時代の六世紀中期に仏教が公式に伝来したとされている。新来の仏教では平野に広大な寺院が設けられ、中国起源の華麗な仏教建築が建て並べられた。最新の建築技術を用いた壮大な金堂には、仏教の「神」である仏像が安置された。

本殿の創始以前

ところが、はるか以前より日本各地に祀られてきた神々のためには、神の姿を彫刻した神像はまだなく、したがって神像を安置する建築すなわち本殿も必要でなかった。当時の「神社」に神像以外に鏡・剣などの神宝があったとしても、当時からそれらが「神社」の神体であったかどうか疑わしい。それらを納める建物があったとしても、それは本殿ではなく、神宝庫である。どうやら当時の「神社」には、神を祀る祭場（斎場）だけ、あるいは神が住まう山や森といった神域だけしかなかったようだ。さらに付け加えるなら、今日の「神社」という語は、社殿を備えた宗教施設を表す語なので、社殿がまったくない時代のものを神社というべきではなく、極論すれば、神社はまだ存在していなかったことになろう。

さて当時の神を祀る神域については、『万葉集』の歌数首に詠まれている。たとえば、

祝部《はふり》らが斎《いは》ふ社《やしろ》のもみち葉《ば》も標縄《しめなは》越えて散るといふものを（『万葉集』二三〇九）

木綿《ゆふ》懸けて斎《いつ》くこの神社《もり》超えぬべく思ほゆるかも恋の繁きに（『同』一三七八）

神域を恋歌に詠み込んだもので、神域を囲んでいた標縄《しめなわ》（「木綿《ゆう》を懸ける」も標縄を張ること）を恋の邪魔ものに例えたものらしい。この歌からは、当時の神社には本殿などの社殿がなかったらしいことが窺える。神域の周囲には標縄が張り廻らされ、それを俗人が越えることは禁忌されていたようだ。標縄を廻らされた神域は、「もり」（「神社」の訓読み）であったらしく、紅葉などが生えていた。この歌に詠まれた神々は神域として区画されていた「もり」すなわち森林に住まわれていたようだ。

その「もり」では、祝部《ほうり》（神主）が斎《いつ》き（身を清めて神様に仕えること）、祭礼を行っていたと解釈できる。その祭礼のためには、神域内の一定の場所に祭場を設けて、臨時に神籬《ひもろぎ》を立てればよかった。神籬は『日本書紀』に現れる神祭の道具である。神籬を立てた祭

場は建築的な形態ではなく、『古事記』の天《あま》の石屋戸《いわやど》の場面に見える「五百箇真賢木《いほつまさかき》」を立てたような祭場であったと考えられる。祭場に榊《さかき》の枝を切って立て、銅鏡や勾玉《まがたま》で飾り付けをし、そこに一時的に神の降臨を願うものであったようだ。

祭場としては、臨時に立てられる神籬のほかに、磐境《いわさか》という語も『日本書紀』に現れる。磐座《いわくら》という語も磐境と同義であろう。「磐」からは巨岩が想起され、祭場にある天然の巨岩を神が降臨する「座」（場所）として、祭礼を行ったものである。そうした磐境の祭祀遺跡としては、宗像大社の沖津宮《おきつみや》が鎮座する沖ノ島が著名であって、発掘調査によって四世紀から九世紀にかけて朝廷が奉献した多量の神宝類（国宝）が出土している。

本殿をもたない神社

はるか上代においては、神を祀るための社殿はなかったというのが、明治以来の定説である。大神《おおみわ》神社（二十二社・大和一宮、奈良県桜井市）・諏訪《すわ》大社上社（信濃《しなの》一宮、長野県諏訪市）（図94参照）・金鑚《かなさな》神社（埼玉県神川町）は、神社創始時からの古式を守って、現在でも本殿をもたない。また、石上《いそのかみ》神宮（二十二社、奈良県天理市）も近代までは本殿がなく、鎌倉時代再建の拝殿の後方は禁足地（現在は本殿が建つ）となっており、そこに宝剣が埋められていた。こうした古来の有力神社に本殿がないことは、かつて総ての神社において本殿がなかったことを明確に示していると言えよう。

図94　諏訪大社上社拝殿

なお、それらの神社には、今日では拝殿などの社殿が存在するが、そうした社殿の創建は平安時代中期以降のことであった。飛鳥時代以来、拝殿だけを設けて、その後方の聖地を拝んでいたとするのは誤解で、古くは鳥居ぐらいしかなかったであろう。

仮設本殿の常設化説

飛鳥時代後期の七世紀後期になって、神社に本殿が創始されたと考えられるが、その始まりについては、祭礼のため臨時に設置される仮設本殿が常設化したとする説が根強い。『古事記』に「千五百秋《ちいほあき》の瑞穂《みずほ》の国」と記されているように、日本は稲作の国であるとされてきた。毎年の祭礼すなわち稲作にかかわる農耕儀礼に際して、仮設の本殿を建てていたが、それが後世になって常設化して神社本殿が成立したとする仮設本殿常設化説である。もちろん、農耕儀礼として仮設の本殿を建てていたことを示す文献記録は、江戸時代以前にはまったく存在しない。春に神を山から里に迎え、稲が育っていく期間を神に守ってもらい、秋の収穫を感謝して秋祭りを行い、再び山へ帰っていただくといった、民俗学的な推論であるので、あてにはならない。この説には賛成できないが、仮設本殿常設化の証拠と言われているものをとりあえず紹介しておこう。

仮設本殿常設化説の一つの証として、春日大社で毎年十二月に行われている摂社若宮《わかみや》神社の御祭において、若宮神社本殿から御旅所《おたびしょ》への神幸《じんこう》（神の旅行）がなされるが、その御旅所が皮付き丸太の掘立柱に草葺の仮設建築であって、仮設本殿の古例を残すものとして注目されている。しかし、この建築は神幸のための御旅所であって本殿ではない。神幸という祭祀儀式は常設の本殿が成立し、そこに神が常在するようになってから必要に応じて発生したものと考えるべきであって、この例をもって仮設本殿の名残とすることには賛同できない。なお、この御旅所は春日造の原初のような建築であるが、土台をもたず、掘立柱とする点で春日造と相違する。それについては、祭礼時のみの仮設建築であって耐久性を必要としないためと考えられる。

また、『日本書紀』にある筑紫小山田に神功《じんぐう》皇后が設けた臨時の斎宮《いつきのみや》や、天皇の即位儀礼の際に臨時に設けられる大嘗宮《だいじょうきゅう》正殿（住吉造との平面の類似が注目されている）は、仮設の本殿の例として挙げられる。神功皇后が入った斎宮や天皇が入る大嘗宮正殿は、天皇であれ神話上の皇后であれ、人が入って神と交渉をもつ空間であって、神の専有空間である後世の神社本殿とは明らかに異質の空間である。しかも、それが一時的な仮設で簡略な建築であるからには、常設で本格的な建築である本殿とは、同一視することは到底できない。仮設の本殿が時代を経てやがて常設化したというより、仮設の斎宮や大嘗宮正殿などの原初的な意匠を参考にして、常設の本殿がある時期に突如として創造されたと考えたほうがよいと思う。すなわち、大嘗宮正殿のような原初的な仮設本殿が後に常設化して住吉大社本殿になったというより、ある時期まで本殿をもたなかった住吉大社に本殿を創建するに当たり、大嘗宮正殿の間取りを応用したものと見たほうがまだ自然であろう。

ついでに、稲穂を納めた穂倉《ほくら》が神社本殿の起源である、とする意見も否定しておきたい。弥生時代や古墳時代の穂倉すなわち高床倉庫は切妻造であって神明造と比較的に外観が似ていること、収穫された稲籾に稲霊《いなだま》が宿るという民俗伝承があること、穂倉と祠《ほこら》の発音が類似していることなどから、穂倉から祠が生まれた、すなわち穂倉から本殿が生じたという説である。しかし、古墳時代と本殿創始期では時代的な隔たりが大きく、高床倉庫は妻入であったようで平入の神明造とは根本的に相違している。また祠はごく小さな本殿を意味し、古代からの有力神社の大型の本殿ではないので、単なる言葉遊びと言いたい。

本殿の創始は天武朝

常設の本殿の成立は、仏教建築が伝来して一世紀ほどが経過した飛鳥時代末期の七世紀後期が想定され、とくに天武朝（六七三〜六八六）が注目される。その時期には皇室の祖先神を祀る伊勢神宮が造営され、今も続けられている二十年ごとの式年遷宮《しきねんせんぐう》（定期的に社殿を造替して新本殿に祭神を遷すこと）の第一回目が天武天皇の后であった持統天皇によって持統四年（六九〇）に行われたと伝えられるからである。さらに『日本書紀』によると、天武天皇十年（六八一）には、畿内および諸国すなわち全国に対して詔《みことのり》によって「天社・地社・神宮」すなわち国家の神社（官《かん》社《しゃ》）を「修理」（現在の修理の意ではなく、新築を含む）させているので、全国で神社の本殿（当時はまだ拝殿はない）を造営させたことになる。このときに、それまで本殿をもたなかった神社にも本殿が新設されたと考えられるが、これは官社という有力神社に限ったことで、後世に見られる小祠は当然にして本殿をもたなかったはずである。

丸山茂の意見によれば、天武期において官社制が創始され、在地首長が神と一体化する儀礼を行う「祭殿」を破却させ、本殿を与えることにより「神に仕える」神社が出現したという。ここにいう「祭殿」は「卑弥呼に代表されるような、神霊や精霊を招き寄せて直接に指示を仰ぐための建造物」である。仮設の本殿の時期を経ずに常設の本殿が成立する一つの契機を説明するものとして賛同したい。ただし、この官社制の創始ということだけによって常設の本殿の成立をすべて説明できるものではないが、上代に遡る本殿形式である住吉造・大鳥造、あるいは日前國懸《ひのくまくにかかす》神宮や生島足島《いくしまたるしま》神社などの特殊な本殿形式については該当する可能性もある。

天武朝の頃、すなわち七世紀後半において、外来の神が常在する仏教建築の刺激を受けて、それでいながら仏教建築の造形に厳しく対抗して、神明造という常設の本殿が朝廷によって伊勢神宮に創始された。そうであるとすれば、全国各地の首長も独自の形式の常設本殿をこぞって創始したと想像するに難くなく、必ずしも丸山の言うような強制的な祭祀形式の大転換ではなかったと思われる。いずれにしても、本殿を建てて神を祀るようになったことこそ、仏教からの最大の影響にほかならない。

土台・心御柱と本殿の起源

本殿形式の別の分類

稲垣榮三は、庇の付加や建築細部における中国建築の影響といった視点ではなく、土台《どだい》・心御柱《しんのみはしら》・二室という概念で神社本殿の形式を分類しなおし、その起源について明快に推論を行った。稲垣は、神社建築のもつ大きな特色として、建立年代の新しいものであっても、古い形式が慎重に維持されることが多い点に着目し、古代の本殿形式は、「柱下に土台をもつもの」・「心御柱をもつもの」・「内部が二室に分かれるもの」の三形式に集約できるとした。

土台（古称は土居《どい》）をもつ本殿形式は春日造と流造である。その代表例であり、かつ古式な細部をよく残す例は、春日造では春日大社本殿、流造では賀茂別雷《かもわけいかづち》神社と賀茂御祖《かもみおや》神社の本殿である。前者は妻入で彩色があり、一間社という小規模であるが、後者は平入で白木造であり、三間社と規模が大きい。稲垣は、両者の本殿が柱下に井桁《いげた》に（漢字の「井」の形のように）組んだ土台をもつという共通点に着目し、古代の建築遺構では春日造と流造の本殿以外には土台をもつ例が見当たらないので、土台をもつことには理由があるとした。そして、土台の効用として建物を移動させやすいことを挙げている。本殿の移動がもつ意味としては、古くは常設の本殿ではなく、祭りのときにのみ本殿を置くという方式であったと想像し、神が常住していたのではなく、賀茂の御阿礼《みあれ》祭が示すように、年に一度神が降臨する際の神の宿舎という性格であったと考えた。そして、土台をもつ本殿形式は、神社固有の方式であり、本殿形式として最も古く、かつ普遍的な形式ではないかと指摘した。『日本書紀』や『万葉集』に見える神籬は、この形式と関連するとの指摘もしており、春日造や流造の簡略形である見世棚造の小さな本殿は、神社本殿の発生時の姿を示していると考えることもできるとする。

心御柱をもつ本殿形式は神明造と大社造であるとする。神明造の代表は伊勢神宮正殿であり、大社造の代表は出雲大社本殿である。出雲大社本殿内部中央の柱は、古くは岩根御《いわねのみ》柱《はしら》と称し、他の柱より太く、構造的にはほとんど無用なので、伊勢神宮正殿の床下の心御柱に相当する神秘性を帯びたものと想像している。そして、両者の本殿は、掘立柱であったこと、棟持柱《むなもちばしら》をもつことが共通しており、掘立柱は古代の宮殿を建てるときの手法であるので、神が常在する宮殿として造られたらしいとした。そして、両者が共通点をもつことから同時期に同じ背景で成立したと想像でき、七世紀後半に政治的契機によって成立した可能性を指摘している。

二室に分かれた平面をもつ本殿形式は、住吉大社本殿の住吉造と宇佐神宮本殿の八幡造である。ただ、その起源および二室のもつ意味はまったく異なるようであるとする。住吉造と八幡造については、すでに述べておいたので、それを参照していただきたい。

こうした稲垣の説は、発表されて以来、神社建築史の基本として広く受け入れられているが、どうしても承認しがたく、反論を呈しておきたい。

土台の意義の再考

稲垣は春日造の井桁に組まれた土台が神輿《みこし》を彷彿とさせるとして、神が常在しない仮設の本殿の証であるとする。

春日大社の鎮座地にもとは本殿がなかったらしいことは、先に記したように『万葉集』所収の歌にも窺え、古くは標縄で広大な神域を囲っていただけらしい。奈良時代になって春日大社とその本殿が成立したと考えられるが、それ以前に神域内を移動できる仮設の本殿は必要ないし、その存在を示す確実な証拠もない。神域内に祭礼時に神籬を立てればよいことで、また神籬は見世棚造本殿の祖先ではなく榊の枝であろう。奈良時代になって、神が常在する建築として、春日大社の成立と同時に春日造本殿が設けられたものと考えたい。なお、春日大社の摂社若宮神社の御旅所が掘立柱の仮設建築であることを先に紹介したが、それを神輿の名残とする最近の解説書は言語道断であろう。

春日造本殿の土台は、小規模な建築の安定には不可欠なものである。中世以降の春日造本殿や流造の見世棚造本殿は、柱が細い割に大変に太い土台が設けられている（図95参照）。そうした小規模な本殿であっても、土台がもたらす安定性によって強風にも耐えて転倒せずに建っていることからして、建築構造上の土台の必要性は自明のことであろう。規模の大きい流造本殿の例では、中世以降、礎石建てで土台がないものが多いことからしても、土台の効用が安定性確保にあることは明らかであろう。なお、小規模な本殿で掘立柱とした例は現存しないし、掘立柱の細い柱は耐用年限が十年以下となって、不都合であろう。小規模な本殿の安定には土台を用いるしかほかに術がないのである。

図95　見世棚造本殿の土台

その一方、規模の大きい賀茂別雷神社の本殿が土台をもつことには、春日大社本殿とは別の意味がある。賀茂別雷神社の本殿造替の際には、新本殿を古本殿の少し前に建てておき、遷宮の当日に古本殿から権殿《ごんでん》（仮殿）へ神体を遷し、古本殿を取り壊して、新本殿を轆轤《ろくろ》で引いて古本殿があった位置に据え、その後に神体を新本殿へ遷していた。土台の役割は完成した本殿をそのまま引き家工法で移動させることにある、と稲垣は指摘した。そのような本殿の移動方法は、本殿造替時における権殿への神体の遷宮が一日で済むようにしたものとする。

しかし、それは取りも直さず、神が本殿内に常在することの現れにほかならない。常在する神であるからこそ、本殿造替に際しても新居への引っ越しは一日で済ませなければならなかったのである。したがって、賀茂別雷神社の流造本殿は神が常在しない仮設本殿を起源とするのではなく、その規模の大きさや構造の立派さからすれば、当初から神が常在する本殿として創建されたものと見るべきである。神明造の切妻造の身舎の正面に庇を付加して成立したとする、明治以来の見方でまったく問題ない。

ところで、平成二十年に発掘された滋賀県の金貝《かねがい》遺跡（東近江市）では、掘立柱の三間社流造の本殿跡が出土し、平安前中期の遺構と推定された。この例によって、古い時代から土台をもたない流造本殿が存在したことが明らかとなり、賀茂別雷神社と賀茂御祖神社の本殿が土台をもつのには、特殊事情があると言える。

心御柱の意義の再考

次に心御柱をもつとされる出雲大社本殿について述べたい。本殿内部中央に立つ心御柱は、構造上では巨大本殿の梁組の中程を支えるものとして必要で、稲垣が言うような構造上で無用なものではない。心御柱という呼称は、古くからのものでなく、江戸時代になってから使われたもので、それ以前は南北朝時代以来『古事記』の「底つ石根に宮柱ふとしり」という記述に基づいて岩根御柱と称していた。底つ石根云々という語句は『延喜式』の祝詞《のりと》に散見される単なる常套句であって、呼称からはこの心御柱が神秘性を帯びたものとは認められない。また、この柱には向かって右方に間仕切の板壁が取り付いており、そうした建築構造からしても、特に神聖な柱とは認められず、建築構造とは完全に遊離している伊勢神宮正殿床下の心御柱と同列に扱うわけにはいかない。後述するように、出雲大社本殿は伊勢神宮正殿とはまったく別の起源をもつ本殿形式とすべきであろう。

したがって、稲垣が提唱した古代本殿の分類方法には、大きな問題があって、承認できないと言える。そこで、新たな分類を提示し、創始期の本殿の特質を考えてみたい。

創始期の本殿の特質

祭員の参入と非参入

飛鳥時代末期に創始された本殿形式は、神明造・大社造・住吉造・大鳥造である。また、内部が土間式である日前國懸神宮や生島足島神社の本殿は、後世の再建時に屋根形式が改変されているが当初は切妻造で、平面形式は飛鳥時代末期に遡ると思われる。そして、奈良時代になって、改良型として庇のある春日造と流造が本殿形式に加わったものと考えられる。

さて、これらの本殿では、大社造と日前國懸神宮や生島足島神社本殿がその他の形式とは根本的に異質な内部空間をもっている。それは、大社造・日前國懸神宮・生島足島神社では、本殿の内部に内殿を安置して、その内殿の中に神体を奉安しているが、他形式の本殿には内殿がなく、その本殿の身舎全体が神体の奉安場所となっていることである。なお、平安時代後期以降になると、本殿形式にはよらずに本殿内部に玉殿を安置するようになるが、ここではとりあえず、そうした後世の玉殿と飛鳥時代末期の内殿とは別の起源のものとしておこう。

本書では、「神の専有空間を内包する建築で、そこに神が常在するとされているもの」と神社本殿を定義しているが、その観点からすれば、本殿の内部に内殿があるか否かでは、大きな違いが認められる。神の専有空間は、前者では内殿の中だけに限定されており、後者では本殿の身舎全体となるからだ。

前者における神の専有空間以外の場所には、人である神主らが参入する。大社造の出雲大社や神魂神社、および土間式の日前國懸神宮には、本殿内部での祭祀儀礼に関する古記録等が豊富に残る。本殿内へ神主らが参入し、内殿の直前で献饌《けんせん》（神に食事を捧げること）や祝詞奏上《のりとそうじょう》（神に対する報告や祈願などの文章を読み上げること）といった祭祀儀礼が執行されたのである。したがって、内殿は神の専有空間を確保するために不可欠の施設であり、内殿の安置は飛鳥時代の本殿創始期に同時に始まったものと考えられる。

それに対して、内殿をもたない本殿では、内部はすべて神の専有空間であるので、ひとたび遷宮が終わり、神体が殿内へ奉安されると、宮司であっても内部への参入は禁じられていた。人の参入は、本殿の造替や修理の際に神体を遷す場合に限られていたのである。

賀茂別雷神社でも古くは本殿内へ神主が参入することはなかったが、明治政府による祭式の全国統一により本殿内に参入する形に改められた。

そうした内殿をもたない本殿では、神に対する祭祀儀礼は、古くは本殿の前庭すなわち屋外で行われた。改良形式である流造本殿では、庇の階段下に低く張られた浜床《はまゆか》が用いられたようである。平安時代以降になって、本殿前に拝殿や祝詞殿《のりとでん》や幣殿《へいでん》が創建されると、そうした付属社殿において執行されるようになった。

そこで、本書では、神社本殿の起源として、祭員が参入する形式（以後、参入式と略記する）と参入しない形式（非参入式と略記）の二系統があったと提起したい。

参入式の本殿

参入式本殿は、上代の天皇や豪族たちが居住した宮殿建築の形態を本殿に応用したものと考えられる。記紀の神話に登場する神々は、人と同じ姿をしており、人と同じような生活をしているので、本殿創始の必要が生じたとき、当時の天皇や豪族の住居を基として本殿の形が決められたのであろう。本殿形態の発想としてはむしろ単純と言える。

上代の宮殿における主人の座所を神座とし、主人に仕える臣下の伺候場所を祭員の場とすれば、宮殿の間取りがそのまま神社本殿となるのである。本殿内は、宮殿内と同様に饗宴や奏上を行う空間となった。大社造や日前國懸神宮・生島足島神社の本殿内部で、その内殿が本殿正面に対して横を向いているのは、上代の宮殿における饗宴の場の設けられ方と同じである。正面から見て横向きに建物を使うので、上代の宮殿や参入式本殿は必然的に左右非対称の形式となる。平安時代後期の寝殿造邸宅における中心殿舎である寝殿も左右非対称の平面であったが、日本の貴族住宅と参入式本殿とが同祖だから当然であろう。

また、大社造が高床式、日前國懸神宮・生島足島神社が土間式であるが、その差異は、各地方における上代宮殿の形式差であったと考えられる。神社本殿創始よりも時代を遡れば、古墳から出土する家形埴輪《いえがたはにわ》から当時の豪族の住居の形態が知られるが、その時代の首長の住居には、高床式と土間（平地）式の二種類があったことが知られる。

参入式本殿と上代の宮殿の根本的な相違は、神の占有空間である内殿の有無である。神社の本殿という新たな形態の建築を創造するときに、人である祭員と神とを厳然と分離する必要が生じ、そのために内殿が造られたのであろう。後述するように、平安時代後期以降になると、本来は非参入式の本殿であっても、その内陣へ人が参入するようになる。その場合では、神の占有空間を確保するために、内陣から内々陣を区画したり、神体を本殿形の玉殿の中に安置したりして、人と神の座を厳格に分離するようになるのである。

非参入式の本殿

非参入式の本殿は、神明造・流造・春日造などであるが、それらは平入であろうが妻入であろうが、左右対称であって、後世の玉殿はともかく、古くは内部に内殿を置かない形式である。神座として御帳台《みちょうだい》が置かれることもあった。御帳台は上代の天皇や豪族の寝台であって、台座の上に畳や茵《しとね》（一種の布団）を敷き、細い支柱を四方に立てて、天井を支え、壁の代わりに帳《ちょう》（布）を垂らしたものである。伊勢神宮正殿の帳台の図が『貞観儀式』に載せられている（図96参照）。本殿の内部は板敷きで、一室の内陣となっており、その中央に御帳台が置かれる。御帳台の内だけに限らず、本殿内部はすべて神の占有空間であって、神体を御帳台の中に奉安したら、人は次の遷宮までは内部に参入しないことになっていた（今日では、形式的に参入する作法が加わることもある）。

御帳台は高貴な寝台であったので、高貴な人と同じように神の座とされたが、当初は寺院のように神社に像を祀ることはなかったので、姿が見えない神を祀る形であった。平安時代になって神像が普及すると、御帳台はそのまま神像の奉安場所とされ、平安時代後期になって、御帳台が建築的な本殿形の玉殿に進化したようである。なお、厳島神社本殿は祭員が内陣に参入するようになった新型の本殿であるが、その玉殿は、比例的に柱が細く、御帳台の柱の面影を残しており、初期の玉殿の形態であると考えられる。

非参入式の本殿は、完全な左右対称という点で、上代の宮殿建築や平安時代後期の寝殿造邸宅とは根本的に異質な建築である。別な言い方をすれば、日本の伝統的な住宅系建築

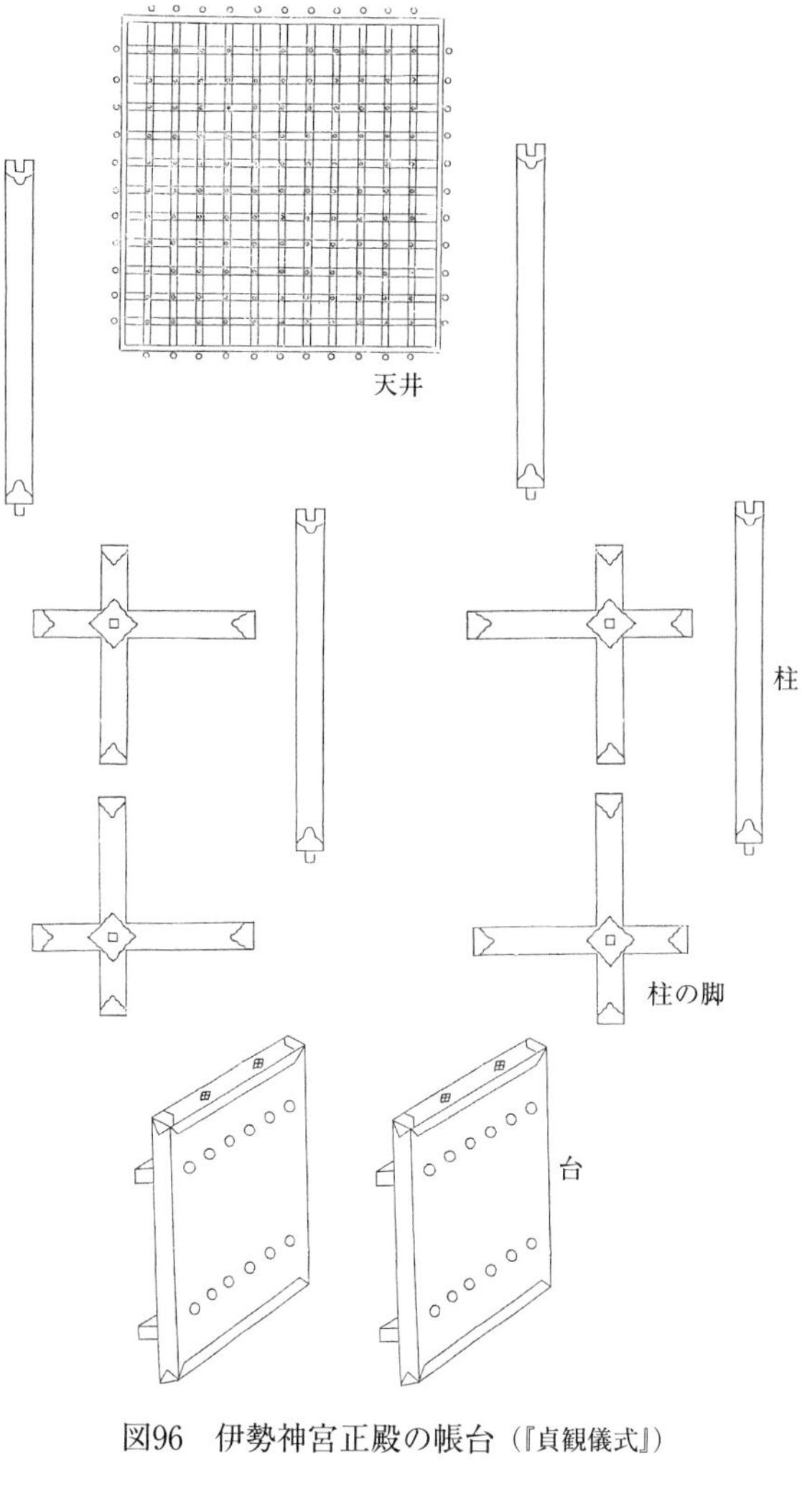

図96　伊勢神宮正殿の帳台（『貞観儀式』）

ではない。神の住居として新たに創造された、新機軸の建築であると言えよう。非参入式本殿の代表である伊勢神宮正殿における、掘立柱・高床式・切妻造・茅葺・横板壁・外開き扉・千木・鰹木・白木造といった神社建築のすべての要素は、本殿創始当時の宮殿建築の要素あるいはそれ以前の天皇の住居からの復古要素であるが、左右対称という造形は仏教建築からの強い影響によって新たに創始されたものと言うほかない。非参入式本殿には住居に不可欠な窓がない。その理由は、実用的な住居ではない非参入式という使用形態から、宗教建築としての外観の神聖で崇高な造形ばかりが追求され、その造形には窓が不必要であったからであろう。創始期の神社建築は仏教建築の要素を意図的に避けているように見えるが、左右対称がもたらす威厳のある宗教建築という造形の根本は、まったく同一であったと言える。さらに祀られる神や仏が建築内部に常在しているという基本概念を考え併せてみれば、非参入式の神社本殿は寺院建築から生まれた造形である、としても間違いではなかろう。そして、この非参入式本殿のうちの流造と春日造が平安時代以降の神社本殿の主流となったのである。

二室系の非参入式本殿

住吉造・大鳥造・八幡造といった、神の占有空間が二室からなる本殿も上代の宮殿の間取りから発想された形式であろう。このうち住吉造・大鳥造は妻入の身舎一つだけの構造で、その身舎を前後二室に区画する。八幡造は平入の身舎を前後に二つ並べる。上代の宮殿では、内部が一室ではなく、二室とされるのは当然で、奈良時代の橘夫人宅や長屋王邸の例からしても明らかであろう。

土間式の本殿である日前國懸神宮でも、内部が二室となっているが、それとの相違点は、本殿内への人の参入・非参入にある。神への祭祀儀礼を貴人に対するように本殿内で行うか、それとも人ではない神との同座を避けて屋外で行うかという違いであって、その相違には、宗教儀礼上での根本的な隔たりがあるとすべきであろう。神とそれを祀る人との分離が不完全な参入式本殿は、きわめて原初的であると言える。

さて、神の占有空間が二室からなる本殿形式は、神の本殿内における居住の都合に合わせた間取りで、神からすれば合理的であると言えよう。しかし、人が入れない空間が大きいのにもかかわらず、その内部形式が外観に果たす効果は、八幡造は別として、さほど大きくはなく、外観が重視される神社本殿にはふさわしくはない。そのため、後世に他社へ普及することはなかった。

神社本殿の発展

参入空間の拡大

庇の付加

流造《ながれづくり》や春日造《かすがづくり》は、身舎《もや》の正面に庇を付加した形式である。この庇は、高床式の身舎へ上る木階《きざはし》が雨に濡れないようにすることを主たる目的として付加された。前述したように吹き放ちであり、柱も円柱ではなく略式の角柱を用いる。単純な木階の雨避けであれば、向拝《こうはい》である。土間式から始まった仏教建築では鎌倉時代になってようやく向拝が設けられたが、高床式の神社本殿では奈良時代に遡るのである。しかし、三間社の流造では、木階のある中央一間だけではなく、左右脇間まで向拝の屋根を伸ばして、木階下に低く浜床を張り、祝詞奏上など人が祭祀を行う場としての機能ももつので、単なる雨避けの向拝ではない。その点で、寺院本堂の向拝とは相違する。

平安時代に創始された日吉造《ひよしづくり》や両流造では、流造や春日造とはまったく異なった庇を付加している。庇にも円柱を用い、蔀や板扉という建具を入れたり、窓や壁板を加えたりした庇であって、当時の貴族の邸宅と同じような意匠の庇である（図97参照）。非参入式本殿の身舎には、蔀《しとみ》や窓は決してなく、この庇は明らかに人のための空間であることが明示されている。その庇の中は一般的に外陣と呼ばれ、人が参入する空間であった。流造の庇とは違って、身舎と同じ高床となっており、そこに参入する人の位の高さを象徴している。朝廷における殿上人に相当すると言えよう。一方、身舎は全体が一室の内陣とされ、依然として神の占有空間で、人は非参入であった。平安時代における本殿の変化は、神の占有空間に対して、人の参入する空間の付加というものであった。

この現象に似たようなことは、寺院建築でも起こっている。奈良時代においては、寺院の金堂は仏の占有空間であったが、平安時代になると、金堂を正堂《しょうどう》（内陣）として、正堂の正面に人の礼拝空間である礼堂《らいどう》（外陣）を付加した新型本堂が登場した。礼堂（外陣）は神社本殿と同様に、初めからすべて高床で、後世になると内陣も高床となる。こうした仏教建築は、真言宗や天台宗の中世の本堂に多用されたので、密教本堂と呼ばれている（図98参照）。神社において起こった変化は、寺院でも同時進行していて当たり前であろう。

図97　日吉大社東本宮本殿の庇

図98　密教本堂（西国寺金堂・広島県尾道市）

有力神社本殿の出現

平安時代後期の十一世紀後期から十二世紀前期に、中央の二十二社と諸国の一宮《いちのみや》を中心とした国家的な神社制度が確立したとされる。併せて二十二社・一宮制とも言う。

二十二社は天皇とその王城たる京を護る王城鎮守《おうじょうちんじゅ》の有力神社で、畿内とその近辺の国に鎮座した。その当初は十六社が早くも十世紀に選ばれ、次第に数が増えて、永保元年（一〇八一）に山王社（現、日吉大社）が加えられて二十二社となった。二十二社には、国家的大事を祈念して朝廷から直接に奉幣がなされた。その後、平清盛が尊崇する厳島神社を二十二社の列に加えるように建議したが、それはかなわず、扱いを二十二社に準じるものとされている。絶大な権力を有した清盛でさえ、二十二社の高い格式は変更できなかった。

諸国の一宮は、それぞれの国ごとに第一の神社を決めて、その国を護る国鎮守《くにちんじゅ》とした有力神社であった。十一世紀後期から十二世紀前期にかけて、ほぼ全国的に一宮が決められていった。そうした一宮に対しては、朝廷から派遣された国司が社殿の維持管理や祭礼執行に責任をもって当たり、一宮の神の加護によってその国の平穏無事や五穀豊穣がもたらされるとされた。時代が下ると、国司に替わって守護や大名などその国の支配者が一宮護持の責任を負うようになった。

二十二社や諸国一宮には、他の神社から隔絶した高い社格と、大きな社殿を造営する豊かな経済力があった。そこで、二十二社や諸国一宮に列格されるのと前後して、それまでの標準規模であった三間社を超える、五間社やそれ以上の巨大本殿が新たに創設されていった。その巨大本殿は、身舎に庇を付加することによって形成されたのである。他社を圧倒する本殿規模は、高い社格を顕示するとともに、朝廷や国司からの奉幣や神宝奉献といった新たな祭祀儀礼のために必要な空間を提供できたのである。また、そうした本殿の造形は独創的で、有力神社ごとに形式が相違しており、本殿の多様性が生み出された。

その飛び抜けて早い例が延暦寺鎮守であった日吉大社の日吉造本殿であった。身舎の正面と左右に庇を付けた五間社で、平安時代中期の十世紀頃の成立とされ、その後に二十二社に列格された。また、八坂神社では、承平五年（九三五）の文書に「神殿五間、檜皮葺」とあって、この場合では、切妻造の五間の身舎の内の中央三間を神の占有空間とし、両端一間ずつを神宝庫などに当てていたものと思われる。その後に、さらに拡大されて、久安四年（一一四八）再建時までには、現在のような七間社の祇園造の本殿が成立した。

四面庇本殿の出現

四面庇《しめんびさし》とは、身舎の四面を取り囲んで庇を設けた平面をいう。平安時代から南北朝時代においては、建築の規模を示す場合に間面記《けんめんき》法《ほう》という表記法が広く用いられており、「〇間□面」と記された。「〇間」は、身舎の正面の間数であり、「□面」は身舎に付加する庇の数である（図99参照）。たとえば、日吉造本殿は、身舎正面が三間で、庇が三面付属するので、「三間三面」と記されている。ここで注目していただきたいのは、平安時代や鎌倉時代の人々は建築の規模形式を間面記法で認識していた、ということである。身舎に付属する庇の数は重要であった。

庇の面数によって、建築の屋根形式はさまざまに変化する。一般的に身舎だけの場合では切妻造であるが、身舎の正面だけに庇を付ける一面庇では流造（妻入では春日造など）、正面と背面に庇を付ける二面庇では両流造、正面と左右両側面に庇を付ける三面庇では日吉造となり、四面庇の場合は寄棟造か入母屋造となる。

四面庇平面は、飛鳥時代以来の寺院金堂をはじめ、平安時代の貴族邸宅であった寝殿造にも応用されており、平安時代までは大型の建築を設けるための基本的平面であった。したがって、規模が寺院や貴族邸宅よりもはるかに小さい神社本殿には、四面庇平面は不必要である。とくに屋根が寄棟造や入母屋造となるので、本殿形式として採用することは、古くは意図的に避けられていた。

ところが、身舎を神の占有空間とし、その周囲に人が参入する庇を廻らせた四面庇の本殿は、平安時代後期の十世紀後期から十一世紀にかけて始まり、鎌倉時代初期までに多彩な本殿形式を生み出した。そうした四面庇の本殿の成立は、二十二社や一宮制の確立と関

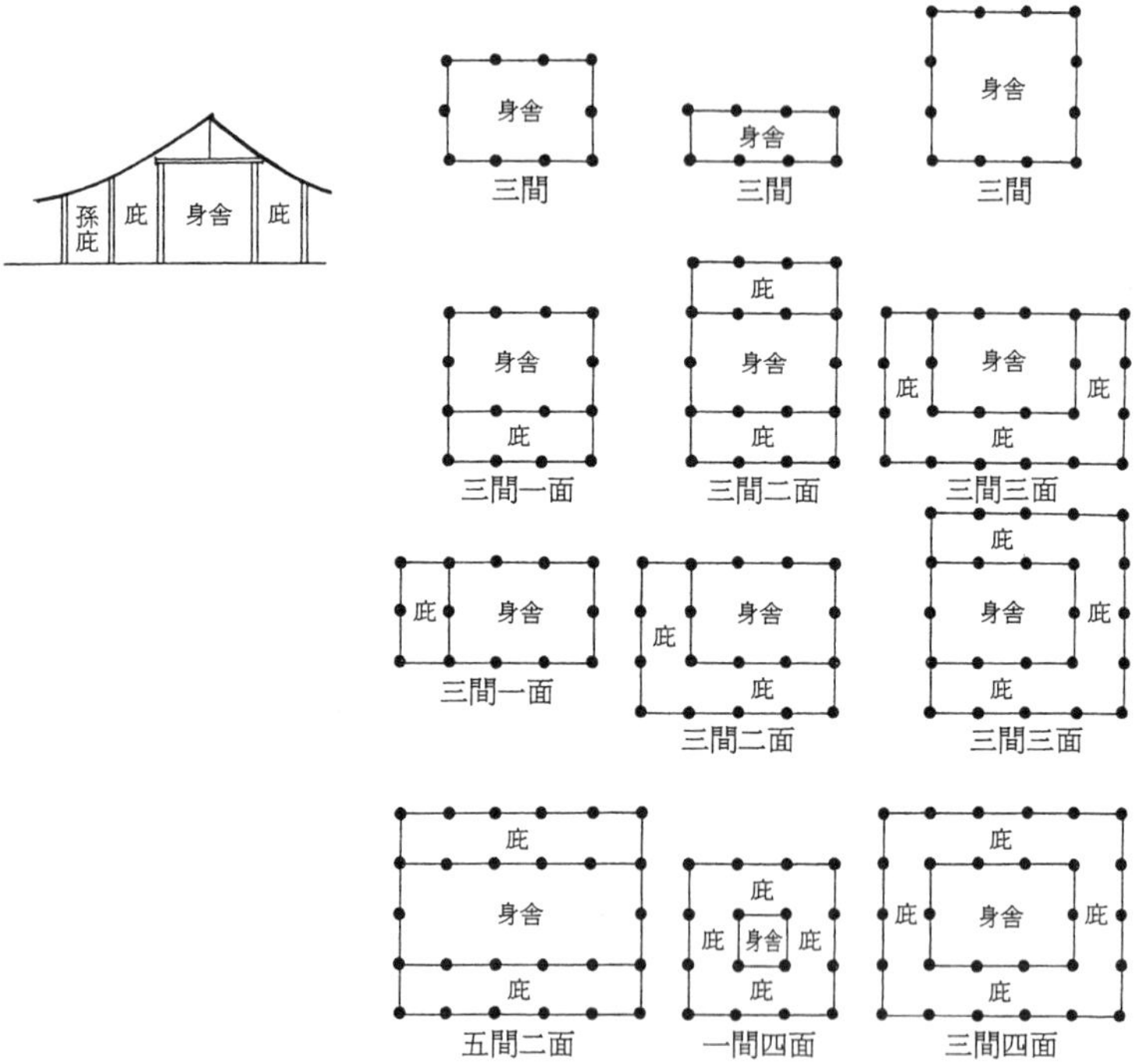

孫庇
庇
身舎
庇
身舎
三間
身舎
三間
身舎
三間
身舎
庇
三間一面
庇
身舎
庇
三間二面
庇
身舎
庇
庇
三間三面
庇
身舎
三間一面
庇
身舎
庇
三間二面
庇
身舎
庇
庇
三間三面
庇
身舎
庇
五間二面
庇
庇
身舎
庇
庇
一間四面
庇
庇
身舎
庇
庇
三間四面

図99　間 面 記 法

係が深い。

四面庇あるいは四面庇に類似する本殿をもつ神社は、そのほぼすべてが二十二社や一宮である。二十二社では八坂神社（祇園造）・北野天満宮（入母屋造）であり、一宮では気多《けた》大社（能登国、両流造）・気比《けひ》神宮（越前国、両流造）・南宮大社《なんぐう》（美濃国、入母屋造）・籠《この》神社（丹後国、神明造）・吉備津神社（備中国、吉備津造）・吉備津神社（備後国、入母屋造）・厳島神社（安芸国、両流造）・土佐神社（土佐国、入母屋造）・新田《にった》神社（薩摩国、入母屋造）・鹿児島神宮（大隅国、入母屋造）である。また、過去の本殿が四面庇に類似する平面であった一宮は、鹽竈《しおがま》神社（陸奥国、入母屋造）・香取《かとり》神宮（下総国、切妻造背面庇付き）・吉備津彦神社（備前国、吉備津造）・高良《こうら》大社（筑後国、入母屋造）である。また二十二社や一宮ではないが、それに準じる有力神社では、日光二荒山《にっこうふたらさん》神社（入母屋造）・熊野本宮大社第一殿第二殿（入母屋造）・宗像《むなかた》大社（両流造）・太宰府天満宮（両流造）・霧島神宮（入母屋造）などがある。

これらの本殿は、ほとんどのものが五間社以上と巨大本殿である。ここで注目すべきは、本来であれば入母屋造（神社なので寄棟造は除く）やその変型の祇園造・吉備津造でなければ四面庇平面とはならないが、厳島神社をはじめ両流造の本殿にも四面庇に類似した平面が採用されていることである。

厳島神社には本社と摂社 客《まろうど》神社の二棟の両流造本殿があり、ともに四面庇（本社は七間四面、客神社は三間四面に相当）に類似する平面である（図100参照）。この本殿形式の始まりは平清盛による仁安元年（一一六六）頃の海上社殿造営時と考えられ、当時は「九間二面」と記された九間社（鎌倉再建時に正面ほぼ中央の柱を一本省略したので、現在は八間社）の両流造で、純粋な本殿としては、八坂神社本殿を抜いて史上最大面積であった。その当時は、御霊《ごりょう》を祀る八坂神社（「五間四面」と記されている）や北野天満宮は別として、入母屋造はまだ本殿に使われていなかった。したがって、厳島神社の新型本殿創建に際して、超巨大本殿として四面庇に類似するものが応用されたものの、屋根は変則的に二面庇の両流造を無理矢理に適応させたものと考えられる。この本殿の左右両端間は平面上では庇であるが、構造上は身舎と一体化させたのである。この手法によって、切妻造系の神社本殿にも四面庇平面が応用できるようになった。

四面庇本殿の屋根形式

そうした平面形式と屋根形式の不一致の飛び抜けて早い例は、五間の切妻造の身舎背面に庇を設けた、かつての香取神宮正神殿《しょうしんでん》である。現在の香取神宮本殿は、元禄十三年（一七〇〇）に再建された三間社の両流造で、鎌倉時代の当社の仮殿であったアサメ（女偏に盛と書く）殿の規模を受け継いだものである。正式な本殿は正神殿と呼ばれたが、鎌倉時代末の元徳二年（一三三〇）に再建されたものが最後で、南北朝時代に途絶してしまっ

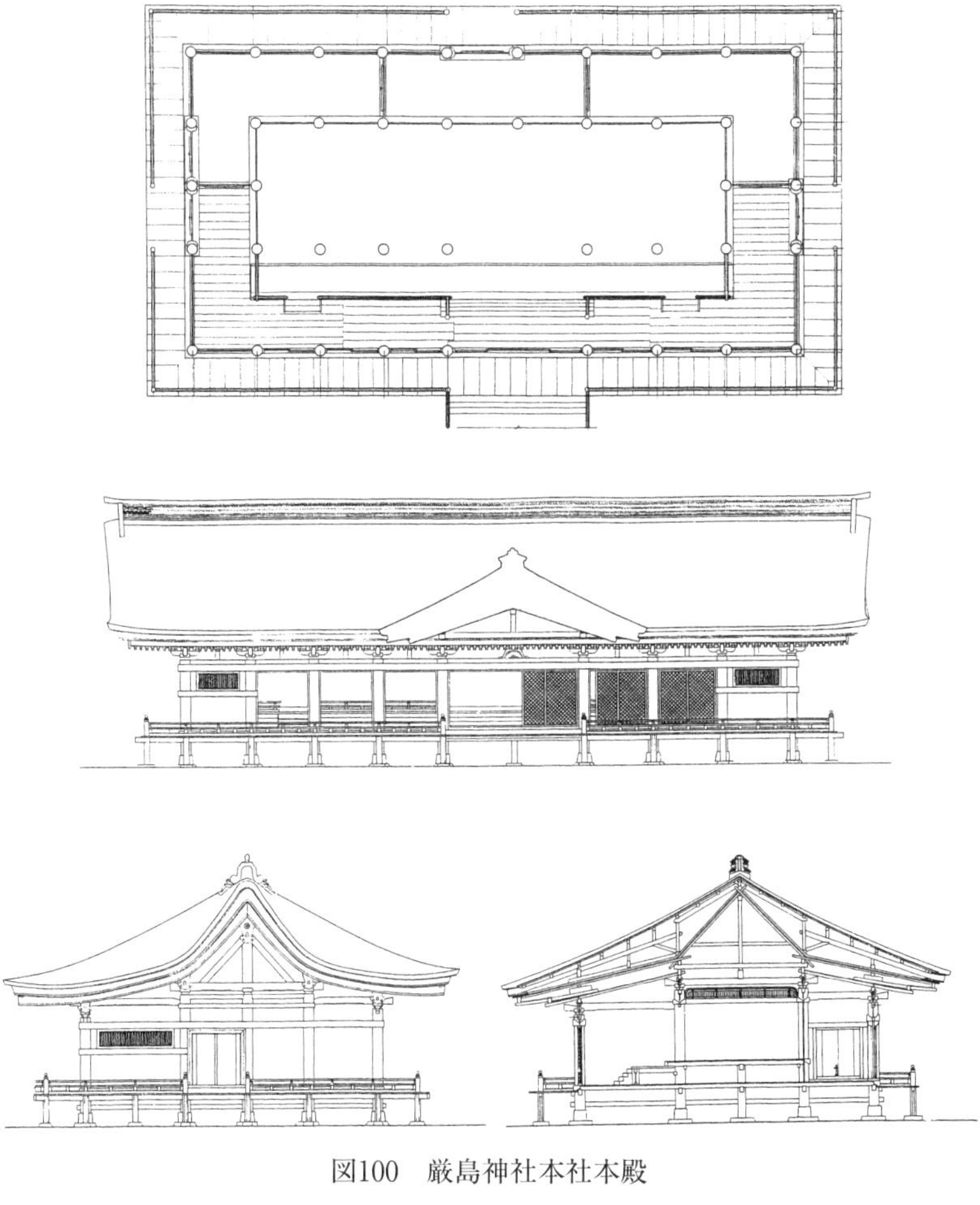

図100　厳島神社本社本殿

た。往時の本殿である正神殿は、五間の身舎の中に三間の内陣を設けて神の占有空間とし、その前方や左右間は人が参入して祭祀儀礼を行う空間としていた。また、背面の庇は神宝等を納める神宝庫であったと考えられる。この正神殿の形式は、平安時代前期に遡る可能性もある。

ところで、厳島神社本殿や香取神宮正神殿の背面の庇は、有力神社の巨大本殿成立と密接な関連があると思われる。

背面庇と神宝　有力神社の本殿には、背面に神宝や祭器具を納める神宝庫あるいは祭器庫とされた庇をもつ例がある。前掲の厳島神社本殿や香取神宮正神殿のほかに、気多大社・気比神宮・新田神社・鹿児島神宮などの本殿が古記録あるいは現状で背面庇を神宝庫としており、また御上神社本殿（図101参照）や霧島神宮本殿（鹿児島県霧島市）もそうした例であろう。

ところで、神宝の納入には、本殿とは別に神宝庫（神庫・宝蔵）を建てる神社の方が一般的である。本殿に隣接して本殿とほぼ同型式の神宝庫を二棟建てる伊勢神宮の内宮・外宮が最も正式である。また、本殿をもたない諏訪大社上社（信濃一宮、長野県諏訪市）では、切妻造、茅葺の本殿形の宝殿（神宝庫）二棟があり、その神宝庫を交互に式年造替する（図102参照）。諏訪大社下社（信濃一宮、長野県下諏訪町）の春宮・秋宮では、上社の宝殿と

図101　御上神社本殿の背面の庇

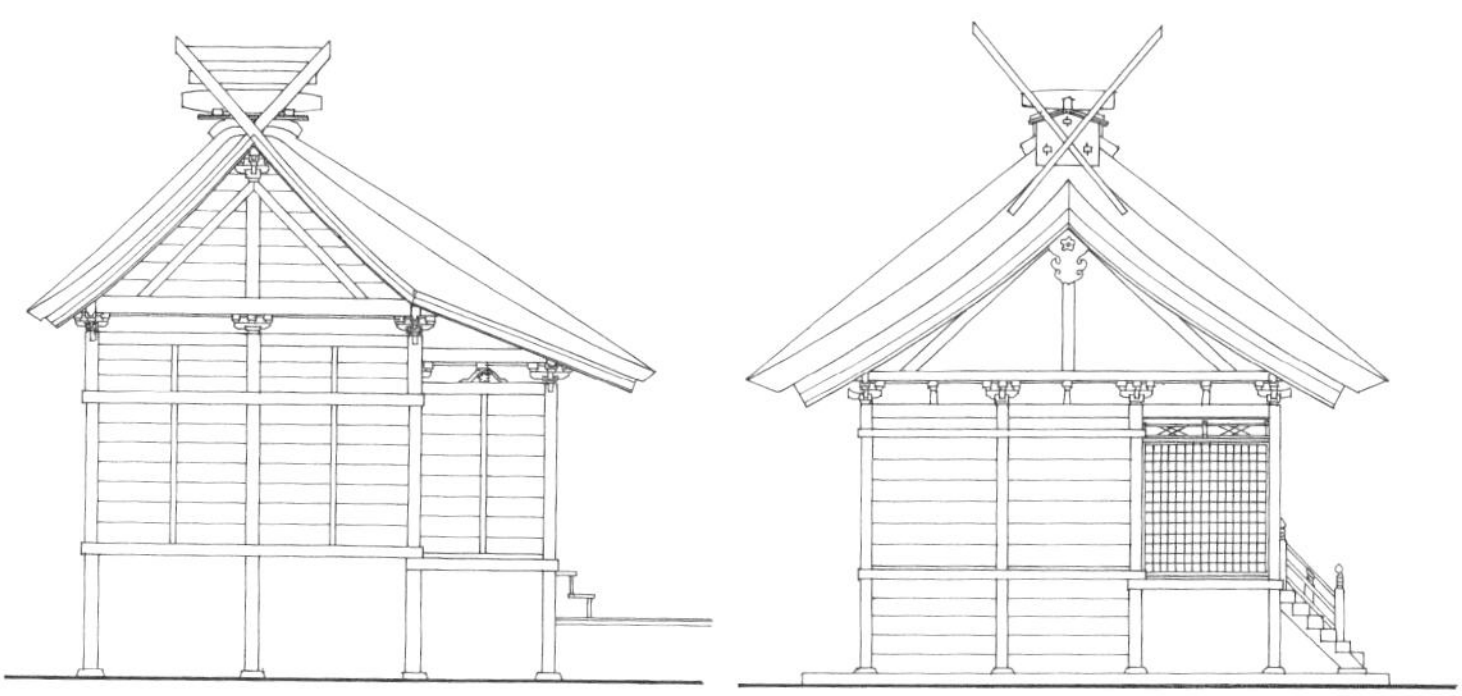

図102　諏訪大社上社（左）・下社秋宮の宝殿（右）

図103　自玉手祭来酒解神社神宝庫

よく似た宝殿を二棟ずつ並べて本殿としている。こうした例からすると、神宝庫が非参入式本殿の起源の一つであった可能性も否定できないが、本殿の神座に準じる重要な施設であったことは確かであろう。なお、自玉手祭来酒解神社に鎌倉時代の神宝庫（図103参照）が現存するほか、春日大社や日光東照宮などに重要文化財の神宝庫がある。

さて、本殿の背面に神宝庫を設けることは、四面庇平面の本殿成立の一つの要因であった。その点に関しては、平安時代中期の十世紀から始まった一代一度大奉幣（大神宝使）の影響が考えられる。これは天皇の即位に伴って、全国の有力神社五十社へ朝廷から神宝を奉献する制度であった。この五十社は二十二社や一宮の内外からとくに有力な神社が選ばれており、そのなかに背面庇を神宝庫とした香取神宮・気多大社・気比神宮・厳島神社が含まれている。大奉幣や遷宮の際に朝廷等から奉献される多量の神宝を納めるために、本殿に神宝庫を併設する必要が生じたのであろう。また、四面庇平面である、または四面庇平面であった備中吉備津神社・宗像大社・高良大社も大奉幣の対象神社であって、巨大本殿の成立に何らかの影響を与えたであろう。

中世における本殿の発展

中世の地方神社の出現

『延喜式』神名帳に搭載された式内社すなわち延長五年（九二七）当時の官社（国家が認めた神社）は、その後の律令制の衰退とともに財政基盤を失って、一宮など一部の有力神社を除いて衰退していった。それに代わって、地方では荘園ごとに鎮守社が創祀されていった。とくに南北朝時代以降になると、多くの在地領主の割拠が著しくなって、彼らの守護社が新たに創祀され、そうした地方神社の本殿が建てられるようになった。今日、重要文化財に指定されている神社本殿の多くは、そうした荘園の鎮守社や在地領主の守護社のものである。

ほぼすべての地方神社では、祭神ごとに複数の本殿を設けることや、礼拝のための拝殿を建てる余裕がなかったらしく、流造本殿を改良して対処している。内陣の分割や外陣の付加がなされた、中世の新型本殿の出現である。

たとえば地方神社に多い八幡宮（八幡神社）では、一般的に三柱の祭神が祀られる。八幡宮の本社である宇佐神宮や石清水八幡宮では、前述したように三棟の八幡造本殿あるいは三棟の八幡造を連棟式にした大規模な本殿である。それに対して地方の八幡宮では、それを一棟だけの三間社流造の本殿で代替し、その内陣に八幡三神が合わせ祀られるのである。

内陣の分割

複数の祭神を一棟の本殿に合わせ祀るためには、三間社の内陣の後半部を板壁で三つ（江戸時代になると五つの例も見られる）に間仕切って間口一間の小部屋に分割し、それぞれ個別に板扉を設けて、扉ごとに別の神体を奉安するのである。その扉が祭神ごとの奉祀の象徴であった。初期の例では、小部屋どうしの境の壁を設けないものもあるが、複数の扉が並ぶことが重要であった。祭神ごとの小部屋が神の占有空間である内々陣で、残った内陣の前半部は、人が参入して祭祀儀礼を行う空間に変容した。それまで一室であった身舎（内陣）が、前後二室（内陣と内々陣）に分割され、結局、神の占有空間は半減してしまう。それに伴い、本殿内陣（身舎）正面には、大型本殿の庇と同様に開放的な蔀（地方によっては格子戸）が導入されるようにもなった。

身舎が前後二室に分割される理由の一つは、祭神ごとに別々に扉を設けたからであろう。

三間社の場合では、外観の比例上の美観から、身舎の梁間は二間が通常である。内々陣を設けずに身舎を三つの小部屋に間仕切ると、正面一間、奥行二間という縦長の奇妙な小部屋となってしまい、神の住居としては好ましくないからだ。それを防ぐために奥行一間の内々陣に区画したのであろう。もう一つの理由は、扉ごとに祭祀儀礼を行うためには、その手前に祭祀空間があったほうが都合がよいからである。また、一宮などの大型本殿に庇が付加されて、そこが祭祀儀礼の空間とされていたことも、大きく影響を与えたものと考えられる。

なお、三間社の身舎が二室構成となると、一間社にも二室構成となるものが現れた。身舎の後方に板扉を設け、身舎の正面は格子戸を入れたり、開放したりした本殿で、東日本に多い。

玉殿の安置

安芸国（広島県西部）など地方によっては、内々陣を間仕切らずに、複数の玉殿《ぎょくでん》を内陣に安置して、複数の神を祀ることもある（図104参照）。この場合では、玉殿の内だけが神の占有空間となり、本殿内陣自体は人の参入空間に変質する。

安芸一宮の厳島神社では、平清盛による海上社殿創始時に、それまで地上に独立して建てられていた六棟の小型本殿を六基の玉殿として巨大な両流造の本殿の内陣に格納したものと推定される。同じ両流造であっても、宗像大社などほかの両流造本殿とは、まったく

図104　玉殿の安置（佐々井厳島神社）

別の形式であるとすべきであろう。

　厳島神社では、それ以来、内陣に六基の玉殿（摂社客神社本殿では五基の玉殿）を安置して複数の神を祀っており、その影響で安芸国の神社では流造本殿の内陣に数基の玉殿を安置する形態が一般化している。本殿内部に一基だけの内殿を安置する出雲大社のような参入式本殿とは起源がまったく別のものであって、非参入式本殿の形式から生まれた新型の参入式本殿である。

　ところで、神社本殿内に安置される小型本殿形の神体の容れ物を玉殿と称することは、厳島神社の仁治二年（一二四一）の古文書に「御体《ぎょたい》玉殿《ぎょくでん》」とあるのが初見で、それ以降一貫して「玉殿」と記されている。その一方、寺院本堂の内陣に安置して秘仏《ひぶつ》

図105　春日厨子（西国寺金堂・広島県尾道市）

である本尊を奉安する容れ物は、一般的に厨子《ずし》と呼ばれる。法隆寺の玉虫の厨子は別として、古くは、細い角柱に薄い板屋根を載せた春日厨子《かすがずし》（図105参照）が通例であったが、鎌倉時代後期になって円柱や組物や屋根を備えた建築的な厨子が作られるようになり、それは「宮殿《くうでん》」と呼ばれた（図106参照）。寺院の宮殿の大多数は入母屋造の妻入であるが、神社の玉殿は古いものは切妻造の平入で、室町時代後期になると流造の見世棚造が一般化する。また組物は、宮殿では華麗な三手先《みてさき》が標準であるが、玉殿では簡素な舟肘木《ふなひじき》や平三斗《ひらみつど》程度である。なお、長門一宮の住吉神社本殿内の玉殿は室町時代の再造であろうが、入母屋造・妻入で三手先の組物をもっており、寺院建築の影響が窺われる。

玉殿の起源は神の座である帳台が建築化したものと考えられる。松尾大社《まつお》（二十二社、京都市）などとくに古い由緒をもつ神社では、内陣中央に帳台から発展したと思しき仏壇風の台座つきの帳台を置いて神体を奉安している。

外陣の付加

古式な流造本殿では、正面の庇は向拝の一種であって、庇内には木階があった。鎌倉時代後期になると、新型の流造本殿が出現した。庇にも高く床を張って、そこを礼拝の場である外陣とし、拝殿の代用とする形式である。木階は、正面の柱よりさらに外側に出され、その木階を覆うために一間の向拝を付加することも少なくない。外陣を設けた現存最古の例は、徳治三年（一三〇八）再建の苗村《なむら》神社西本殿である（図107参照）。

図106　宮殿（竹林寺本堂・広島県東広島市）

流造の正面の庇を外陣としたのであるから、その外陣正面の柱は流造の基本どおりに角柱となり、一宮などの有力神社本殿の庇が円柱であるのとは、明確に区別される。また、外陣に取り付けられる建具も、古式で重厚な蔀はあまり使われず、内部が透かして見える格子戸などが使われた。板扉は内陣や内々陣の正面に使われ、外陣の周囲に使われることはなかった。

このような平面形式は、拝殿をまだ備えていなかった地方の神社には好都合であったらしく、まったく同じ平面形式でありながら、屋根を入母屋造（平入や妻入）・春日造・切妻造（平入や妻入）といったさまざまな形式とする本殿が現れた。室町時代の多彩な本殿形式の出現を促したのである。また、それぞれの地方ごとに特徴的な本殿形式が形成されることにも繋がった。

さらに室町時代後期になると、外陣周囲の建具を廃して、吹き放ちとする例が一般的になる（図108参照）。外陣の内部は秋祭りなどわずかな機会にしか用いられなかったので、普段は建具がなくて、内陣正面を直視できたほうが、庶民の参詣者には有り難かった。こうした吹き放ちの外陣をもった本殿は、全国に普及したのである。

こうした平面形式の本殿の使われ方は、地方によって多少の違いがあっただろうが、外陣は祭礼時や祈禱時に在地領主の着座の間とされ、祭式後の直会《なおらい》（供え物のお下がりをいただく宴会）の場ともなったようだ。内陣は神主が祭祀儀礼を執行する場とされたが、俗人の領主が参入して祈願を行う場ともなったらしい。内陣に室町時代の参籠《さんろう》（社寺に籠もって祈願をすること）者の落書きが残る例もあるので、参籠の場とされることもあったらしい。本殿が拝殿や幣殿、ときには直会殿・参籠所などを兼ねたようなもので、古代の非

図107　苗村神社西本殿

図108　吹き放ちの外陣（染羽天石勝神社本殿・島根県）

参入式本殿の使われ方とは、隔世の感がある。神の地位の相対的低下が認められるのである。

江戸時代になって在地領主が消滅すると、庄屋（名主）をはじめとする村役人、あるいは神社の祭祀を代々分担する村の有力者が外陣に着座した。しかし、村の鎮守社として大勢の村人が集まって盛大に祭礼が行われるようになり、江戸時代中期以降には村人の経済力も安定期を迎え、彼らの寄進によって、簡素ではあるが広々とした拝殿が建てられるようになった。そうなると、本殿の外陣はかえって邪魔になったので、外陣を廃して庇に木階を戻した古式な流造が再び建てられるようになった。その一方で、広島県東部から岡山県西部にかけては、吹き放ちの外陣をもった本殿が江戸時代も流行し続け、村の鎮守社への拝殿普及が後れていた。

近世における古代への復古

神仏習合への反発

平安時代以来、神社建築や住宅系建築と仏教建築との融合が進み、ともに伝統的日本建築として発展してきた。江戸時代までには、神社本殿にも複雑な組物を使い、彩色を施すなど、仏教建築の細部意匠を濃厚に取り入れたものが一般的となっていた。寺院本堂でも、高床式、蔀や引戸、外開き扉、檜皮葺や杮葺といった住宅系意匠すなわち神社建築の意匠が一般化していた。この現象を神仏習合の影響と捉えることも間違いではないが、日本の風土に合った建築の発展としたほうがよさそうである。見た目が美しく、神仏を祀る荘厳性を備え、夏季の多雨多湿と冬季の寒冷に適応するという、伝統的な日本建築の形態の確立であったからだ。

しかし、江戸時代も中期になると、唯一神道が急速に広まり始め、それを奉じる神職

（社家《しやけ》）らは、神仏習合に対する反発をしだいに強めていった。直接的には、有力神社の造営・管理・祭礼などを神宮寺や別当寺の僧侶（社僧《しやそう》・供僧《ぐそう》）が支配している状況への反発であったが、具体的な批判対象として、神社境内に建ち並んでいた塔・本地堂・鐘楼・経蔵・仁王門《におうもん》といった仏教建築や、本殿に飾り付けられていた懸仏《かけぼとけ》（御正体鏡）や鰐口《わにぐち》（参拝時に綱で打ち鳴らす銅製の仏具、今日では大きな鈴に変えられている）、本殿に置かれていた密教法具や経典などが目の敵とされた。

そして、仏教排除の矛先は本殿建築自体にも向けられた。本殿の彩色と複雑な組物や装飾彫刻が本来の神社の姿に反するものである、つまり仏教的であると断じられたのであった。本殿の木鼻に付けられた象の彫刻や蟇股に彫られた火炎宝珠・種子《しゆじ》（梵字）などの彫刻類が仏教的であるとされたらしい。それらは単なる建築装飾に過ぎず、宗教思想的な意義は低かったのであって、相当に短絡的で建築の歴史の不勉強とも言えそうである。しかし今日でも、それらを神仏習合の影響とすることはむしろ普通で、当時の人々の無知を責めるわけにもいかないであろう。

出雲大社本殿の復古

そうした状況で、最初に神仏分離が断行されたのは、出雲大社であった。当時の出雲大社本殿は、鎌倉時代後期以来、縮小されて仮殿とさえ言われていたものを慶長十四年（一六〇九）に豊臣秀頼が壮大で華麗な正式本殿に造替したものであった。外部を黒《くろ》漆《うるし》塗《ぬり》とし、柱上には出組《でぐみ》の組物を置き、垂木を二軒《ふたのき》に配する優美なもので、妻壁には長さ四間（約八メートル）の龍二匹の彫刻があった（図109参照）。

その慶長本殿を取り壊し、寛文七年（一六六七）に造替し、さらに延享元年（一七四四）に再び造替したのが現在の大社造本殿である。寛文造替に際しては、千木の先端までの高さ六丈五尺四寸であった慶長本殿に「仮殿造（仮殿式）」という濡れ衣の烙印を押して取り壊しの口実を設け、千木の先端までの高さ八丈（約二四メートル）の「正殿造（正殿式）」に復古することだけを当初の目的としており、組物や彩色などは慶長本殿と同等にする予定であった。ところが、その造営計画の途中で、仏教色排除という新たな目的が付け加えられ、組物・彫刻・彩色を完全に排除した復古的な細部形式が採用された。その過程で、構造上の補強として、古式な大社造にはなかった妻の二重梁とそれを受ける束柱《つかばしら》などを付加し、一重の横板壁を二重の縦板壁に改めるなどの形式変更がなされた。現在の延享本殿は、寛文本殿の形式をそのまま受け継いだもので、その各部形式には、江戸時代の出雲の工匠らによる、古代本殿への復元考証と構造補強の創作が加えられている。したがって、古代の大社造の忠実な再現ではないが、江戸時代に古代復古の思想が高まったことを示す好例である。

出雲大社の寛文造替においては、室町時代以降の出雲大社の造営を掌握していた本願《ほんがん》と

図109　出雲大社慶長本殿復元図（右，福本健司復元）と現本殿（左）

0
10
20尺

いう社僧を追放し、神宮寺であった鰐淵寺《がくえんじ》との関係を絶ち、境内に存した三重塔を撤去（兵庫県の名草《なぐさ》神社へ移築）するという、神仏分離を早くも断行している。「両部習合《りょうぶ》」（神仏習合）を排除して唯一神道に改めるという社家の主張が松江藩主に認められ、実行されたものであった。

慶長本殿の建築意匠に対して、彩色・組物・彫刻・二軒が古制ではないと当時の大社社家であった佐草自清が批判しており、現在の大社本殿を見ると、指摘された点はすべて復古されている。白木造で、組物や彫刻を一切用いず、一軒《ひとのき》の素朴な意匠は、伊勢神宮と共通するものとなり、明治以降になると、日本の神社本殿の手本とされた。

吉備津神社の復古

備中一宮の吉備津神社本殿は、吉備津造と称される比翼入母屋造の壮大な建築で、鎌倉時代初期に創始された新式の本殿である。現在の本殿は、応永十二年（一四〇五）の再建である。前後に入母屋造屋根を並べた外観は、正堂と礼堂を合体させた密教本堂の起源を彷彿とさせるものとして、寺院建築の解説にも使われる。用いられている組物も特殊で、柱に肘木《ひじき》を差し込む挿肘木《さしひじき》の技法となっており、天竺様《てんじくよう》という建築様式が採用されている。天竺様は、東大寺大仏殿の鎌倉再建の際に、同寺の大勧進職《だいかんじんしき》であった重源《ちょうげん》が南宋から新たに移入した建築様式で、神社本殿への応用は他に例がない。重源が鎌倉時代初期の本殿造営の際に技術指導をしたものと考えられる。

その組物も、二手先《ふたてさき》という複雑なものである。仏教建築でも格式の高いものに応用される種別のもので、神社本殿に出組を超える組物を採用した初例であった。二例目は十七世紀まで下降するので、この本殿の建築上の特異性は際だっている。

外観からは仏教建築と見誤りそうな本殿であるが、屋根の上には神社本殿の象徴である千木・鰹木が載せられており、これを見れば、神社本殿であることが直ちに認識される（図110参照）。千木・鰹木の効力は大きい。ところが、この千木・鰹木は、応永の再建時から存在したものではない。

享保七年（一七二二）に吉備津神社の社家と社僧が口論に及んだ際の記録に、「御社、仏閣造ゆえ、千木鰹木も御座なく候」とあり、江戸時代の当社関係者もこの本殿が仏閣造すなわち仏教建築であると認識しており、千木・鰹木が当時はなかったことが知られる。唯一神道を唱える社家は社僧との対立を激化させ、享保十四年には境内に存した三重塔を取り壊す訴訟を起こし、それを実際に破壊するなど、全国的にも早い神仏分離運動が進展した。そうした経緯で本殿に千木・鰹木が新設されたのである。

また、備前一宮の吉備津彦《きびつひこ》神社（岡山市）は、備中一宮の吉備津神社の古い分祀で、康応二年（一三四三）再建時の本殿は備中一宮と同じ吉備津造であった。備前一宮でも唯一神道の影響で、岡山藩主池田氏によって古代復古がなされている。慶長九年（一六〇四）

に新造されたばかりの本殿を元禄九年（一六九六）に取り壊し、翌年に完成した本殿は現存する三間社流造であって、本殿形式すら改変する古代復古がなされたのである。

近代の復古主義本殿の普及

明治維新の神仏分離

明治元年（一八六八）三月に明治政府の神祇《じんぎ》事務局から諸社へ対して布達があり、いわゆる神仏分離が始まった。一連の布達や太政官布告を神仏分離令とか神仏判然令と呼んでいる。

その主な内容は、「権現《ごんげん》」や「牛頭天王《ごずてんのう》」といった仏教的な神号を止めること、仏像を神体とすることを止め、懸仏・鰐口・梵鐘・仏具などを神前から撤去すること、社僧の社務を禁じること（社務を行う者が僧形である場合は復飾させ、従わない場合は追放すること）などであった。これにより、神宮寺や別当寺は廃止されて、社僧は追放され、神社祭礼から仏教的行事が排除された。神社境内にあった仏教建築は取り壊され、仏教的な社号や神号も改められた。

厳島神社の神仏分離

厳島神社は、一宮という高い社格から明治政府による神仏分離の重点的対象とされ、大参事が政府から派遣されて実地検分が行われた。社殿を検分した大参事は、社殿が「仏式」であると怒り、直ちに社殿を焼き払い、神体を海へ流すことを命じた。厳島神社の本殿は、前述したように平安時代後期に生み出された新型の巨大な両流造であり、拝殿・祓殿《はらいでん》・回廊などは寝殿造を基にした優美な社殿であって、どう見ても「仏式」とは思えない。当時の政府高官の認識の低さと横暴ぶりには呆れるばかりである。神仏分離に当たった政府の役人らは、祭政一致を標榜しておきながら、神を敬う気持ちすら欠如していた、ということが如実に分かろう。

しかし、その短慮な命令を受けた神社側は深刻であった。当時の厳島神社棚守《たなもり》（今日の宮司に相当）の野坂元延は家族と水盃を交わして上京し、政府に命令の撤回を直訴し、ようやく社殿の保存が許可された。江戸時代には直訴は厳禁されていたので、明治の世になったとはいえ、まさに身命を賭した嘆願であった。国宝・世界遺産が危うく失われるところであったが、辛うじて守られたのである。

社殿の焼き捨てこそ免れたが、厳島神社における神仏分離は実行された。本殿をはじめ社殿に塗られていた彩色はすべて掻き落とされて、白木造とされ、本殿の屋根には千木・鰹木が新設された（図110参照）。鐘楼・経蔵・仁王門が取り壊され、各所に祀られていた

図110　千木・鰹木を付けられた厳島神社本社本殿（明治時代，上）
と吉備津神社本殿（下）

仏像はすべて撤去された。本殿内陣の玉殿脇に安置されていた仏教式の弁財天像も撤去させられた。大経堂（通称千畳閣、現在は末社豊国神社本殿）は内陣の象の木鼻を切り落とされ（大正修理で復旧）、五重塔は内部の仏壇を撤去された。別当寺の大聖院と社殿造営や勧進を担当した大願寺は神社から分離され、多数いた社僧はすべて追放された。年中の祭礼における仏教行事も廃止された。

こうしたことからすると、「正しい」神社本殿として認識されるには、伊勢神宮や出雲大社の本殿を手本として、少なくとも、白木造で千木・鰹木がある必要があったらしい。なお、厳島神社の社殿は後に国宝に指定されて、明治末の修理時に彩色が復旧され、新設の千木・鰹木は撤去されている。

流造本殿の普及

神社本殿は白木造が古来の姿とされ、彩色は仏教的として本殿への応用はかなり厳しく制限された。そのため明治以降に彩色を施した本殿が新築された例はきわめて少ない。既存の本殿でも、文化財指定のものを除けば、彩色の塗り替えはほとんど行われなくなった。今日では、大多数の本殿は彩色が剥落したり退色したりしてしまい、ほとんど白木造の状態である。また、組物も仏教建築の要素とされ、簡素な舟肘木のみが推奨された。千木・鰹木は本殿に必須のものとされた。

そうしたなかで、老朽化などにより造替、新築される本殿については、流造が推奨された。明治から昭和戦前にかけて、京都の賀茂神社の本殿のような白木造で舟肘木だけの古式な三間社流造が、全国各地の村社や県社などの本殿新築に採用されていったのである。

そうした背景には、明治八年頃に政府から府県や官国幣社へ公布された「制限図（官国幣社建物制限図）」があった。明治制定の社格に応じて、本殿や付属社殿の適正規模や形式が提示され、その際に舟肘木だけの一種の流造本殿の図が掲げられたことが大きく影響している。ここで付言しておくなら、この制限図を作成した大蔵省や教部省の官僚は神社建築に対する知識が欠如していた。その大社の本殿の妻の図（側面図）を見ると、梁間三間の身舎のうち、前側の一間だけの長押を一段下げて、そこに妻戸を設け、木階の下に庇（向拝）を付けている。要するに梁間三間の切妻造本殿に庇（向拝）を付けたために、一応のところ流造になってはいるが、そのような流造は本来あり得ない造形であった。梁間三間（正しくは二間とすべき）の切妻造・平入の身舎は大きすぎ、そのため妻の梁の上に三本の束柱を立てて二重目の梁を受けるという前代未聞の珍奇な形式である。当時の神社行政のお粗末さが知れよう。

この制限図制定の意図は、社殿の規模・形式を制限し、建築費用を抑制することにあったらしい。明治になって官国幣社・県社・村社などの社格が制定され、それらのうち官国幣社が国庫、県（府）社が府県の財政によって造営費用が賄われたためである（この制度は終戦後に廃止)。したがって、動機不純による復古様式というべきで、純粋な神道崇敬に基づく古式への復古とは言い難い。制限図に組物排除という神仏分離の影響が認められはするが、決して神仏分離を目指したものではないのである。

その一方で、国家によって新設された特別に重要な神社では、制限図とは無関係に、平三斗の組物をもつ新型の流造本殿が建築されている。それらの本殿は、身舎の梁間を正しく二間とし、身舎の前側に庇を設けて、その正面に板扉(本来なら蔀や格子戸)を建てて外陣とする流造で、さらにその前方に庇(向拝、あるいは庇に付けた庇なので、正しくは孫《まご》庇《びさし》という)を付設する例も多い。庇を外陣としてさらに孫庇を付けた大規模な流造は、制限図に載せられている本殿側面図の誤りを修正した形式ではあるが、すでに明応三年(一四九四)の伏見稲荷大社(京都市)本殿の例がある。古代への復古というよりは、中世後期の大規模神社本殿、すなわち伝統的な日本建築であった。明治四年に創建された北海道神宮(もと札幌神社、札幌市)をはじめ、明治神宮(東京都渋谷区)・近江神宮(滋賀県大津市)・平安神宮(京都市)などで、そうした中世的意匠の近代の流造本殿が新設された。そういった本殿が宮大工ではなく、建築家の設計であったことも注目してよいであろう。いずれも旧社格は最高位の官幣大社であった。

神明造本殿の普及

神明造が古代の本殿形式として広く認知され、全国でも本殿造替にともなって神明造に形式変更された例は少なくない。その代表格は、伊勢神宮に次ぐ高い格式を有し、尾張一宮とされることすら拒んできた熱田《あつた》神宮（名古屋市）である。三種の神器の一つとして名高い草薙剣《くさなぎのつるぎ》を納める土用殿《どようでん》が正殿と並んでいた特徴ある社殿群を撤去して、壮大な神明造の本殿に建て替え、付属社殿もそれに合わせて神明造風の壮大な社殿群に改められた。明治二十六年のことであった。

また、明治維新以前は、神明造は伊勢神宮の神領地などの神社に限られていたが、それ以外の各地の伊勢神社などにも明治後期になると新たに採用されていったのである。そうした神明造の普及に対して、伊勢神宮の内宮・外宮の正殿の神明造を唯一神明造と称して、それと細部意匠まで完全に一致する形式は、他社での応用が禁じられた。掘立柱を礎石立てに改め、高欄上の居玉をなくし、妻壁の鏡形木を流造や春日造に多い豕扠首《いのこさす》に変え、内宮で十本、外宮で九本ある鰹木の本数をかなり減らすことなどで、唯一神明造が避けられた。また村社では小型の一間社神明造とされるのが通例であった。

無節の檜の信奉

明治以降の神社政策によって、白木造の本殿が日本古来の形式であると喧伝されたが、それとともに、最高級の建材としての檜の評価が著しく増大し、檜造《ひのきづくり》の本殿が急増した。そして、今日でも神社本殿といえば総檜造と相場が決まっている。それは檜のもつ強度・耐久性・木肌の美しさ・芳香などが、杉・松・欅《けやき》といった他の建材を大幅に上まっているからだろうが、『日本書紀』の一書に記される素戔嗚尊《すさのおのみこと》（須佐之男命）の事績の影響も小さくはないであろう。素戔嗚尊の体毛から生じた樹木のうち、杉と樟《くす》（楠）は浮宝（船）に、檜は瑞宮《みずのみや》（宮殿）の材に、𣜌《まき》（槇）は棺に用いよと記されている。実際に江戸時代の和船の船底（船瓦《ふながわら》）には楠の巨木が重宝されていたし、槇は腐朽しにくいので風呂桶に好んで使われた。

そうしたことから、檜は神社に使い、欅は寺院に使うものだ、という伝承が今日まで神職や宮大工に残っているが、明治維新以前の社寺建築にはそうした材木の使い分けはまったく見られない。とくに江戸時代の村の鎮守社では、檜の使用例はむしろ少なく、逆に高級材は欅と思われていたようで、総欅造で彫刻を多用した豪華な本殿が各地でときおり見かけられる。一般的には、杉・松・欅・栗を中心に、栂《つが》・槇《まき》・榧《かや》やその他の雑木の使用例が多く、しかも複数の樹種の柱を混在させる例も少なくない。そこからは檜や欅材の不足や建築費用の逼迫が窺われる。

また、最近では材木の種別や等級に無頓着になってきたが、以前は檜でも無節《むぶし》のものが好まれており、明治以降の高級な住宅は、最高級の建材として無節の檜が選ばれた。同じ檜でも、節があるのとないのでは、十倍以上の価格差が生じるのである。ましてや神社の本殿ともなれば、無節が当たり前で、節のある材木は人目に触れない床下や屋根裏にのみ使われる。しかし、こうした無節の建材の重視は、明治以降になって顕著になったもので、江戸時代やそれ以前では無節の本殿は多くない。無節の建材の入手が困難であったからでもあろうが、その使用が絶対視されていたわけでもなかったらしい。

神社本殿に対して無節の檜材の使用が絶対視されるようになったのは、近代の官営神社における造営工事によって生じたと思われる。そして、明治末期以降になると、国産檜の巨木が枯渇したことから、台湾産の檜である台檜《たいひ》が神社本殿に多用されるようになった。明治神宮をはじめ、その頃の官営の大社には好んで台檜が使われている。国産檜に比べて台檜は経年するときわめて濃い焦げ茶色を呈するので、容易に区別がつく。近代の大社の本殿や付属社殿の色が妙に黒っぽいのは、台檜が使用されているからだ。これを白木造の美と称するのにやや抵抗があるのは、筆者だけであろうか。

神社本殿と日本文化――エピローグ

本書では、神社本殿の構造とその歴史について述べてきた。神道の本質や神道史を述べたものではなく、神社本殿の見方について、最新の学説を多く加えて、詳しくかつ分かりやすく記したつもりである。

多くの人々には、神社本殿は仏教伝来以前の日本古来の建築様式を保つものと思われている。古墳時代さらには弥生時代の高床式建築がその起源であるとも思われている。また、岩や木あるいは山などに対する自然崇拝から生じた神道独特の建築様式であるとする意見も根強い。そうした旧来の意見に対して真っ向からの反対意見を記したつもりである。

そもそも神社に本殿が建てられるようになったこと自体が仏教から強い影響を受けた結果であろうし、本殿をもつようになってから神社という、いわば制度が確立し、さらに時代が下って神道という概念ができてきたのである。神社本殿の外観は弥生時代や古墳時代の高床式建築に類似するが、それは日本古来の宮殿すなわち住宅系建築の要素を用いて本殿が新たに創造されたからである。したがって古墳時代以前の高床式建築から進化発展して本殿が誕生したとは言えない。外来の仏教建築との激しい対立観念をもって、日本古来の住宅系建築の形式に基づいて創造されたのである。

しかし、神社建築と寺院建築はその後の長い歴史の経過のなかで融合しあい、両者あいまって伝統的日本建築が成立したのであって、決して寺院建築が主で神社建築が従という関係ではない。また、仏教は普遍的な世界宗教の一つであるが、神社神道は日本だけの基層信仰であって、両者を同等の宗教と考えるのは誤りであるという意見もある。だが、そうした高尚な宗教認識は近代思想の産物であって、当時の人々が両者をそのように区別認識していたわけではない。神社本殿と寺院本堂を見比べてみれば、明治以前の人々が両者を差別なく等しく信仰してきたことに容易に気付くであろう。むしろ神社の本殿は、寺院本堂と比べてその形式や造形がはるかに多様であって、日本の伝統文化の中心の一つであることは否めない。また、人目に触れるところに造形努力を集中させ、神は在住するが人目に触れない内陣は簡略化する、といった合理性という日本文化の本質の一端を神社本殿がよく示しているのである。

あとがき

神社では人々は何を拝んでいるのだろうか。氏神社や地元の崇敬社の拝殿に入って正式参拝をするのは、子供のための初宮参りや七五三、自動車の交通安全祈願、厄年なら厄払いなど数年に一度ぐらいである。初詣や一日・十五日の月次《つきなみ》の参拝、あるいは旅行で訪れた由緒ある神社での参拝は、拝殿の前に垂れ下がっている緒を揺らして鈴を鳴らし、二拝二拍手一拝の所作で礼拝をするだけの略式で、数分で済んでしまう。世界中の宗教施設でこれほど簡便に礼拝ができるのは、神社をおいて他にはない。結局、拝んでいるのは拝殿であって、神様が住まう本殿を直接に拝んでいるわけではない。

今日、大多数の神社では拝殿が本殿の前に建っており、本殿の姿は見えないのが当たり前になっている。本殿より拝殿のほうが大きいのが普通で、大きな拝殿の後ろに隠れている小振りな本殿の存在に気づかずに、そそくさと帰ってしまう参拝者の何と多いことか。しかし、このような事態になってしまったのは、明治政府の役人に責任があると言いたい。

明治維新以前には、大抵の神社では本殿は拝殿から独立して建てられていた。今日のように拝殿と本殿が連結されたのは、政府が全国一律に定めた近代神道祭式に問題があったからだ。その祭式では拝殿での儀礼が中心となり、その中で神職が拝殿から本殿へ昇り、本殿の御扉を開く所作があるので、本殿と拝殿が連結されていないと極めて不都合であった。

ところが、拝殿と本殿では建築の格式が大いに異なる。装飾性や威厳に乏しい低格式な拝殿が正面の人目につくところにあって、格式の高い本殿の秀麗な正面は拝殿に隠されている。拝殿の後へ回って本殿の姿を見ようとしても、たいがいは周囲に高い瑞垣《みずがき》が廻っており、容易には本殿を見られない。それでも、神社へ行かれたら、是非とも本殿の姿を確かめていただきたい。本殿にこそ神社建築の美と日本の伝統文化が凝縮されているのだ。

神社神道では、神様は本殿の中に住まわれており、本殿には神様の御印としての神体が奉安されているが、もちろん神体は神様そのものではない。したがって、神体を拝んでいるのではなく、神様の住まいである本殿を拝むことによって、神様を拝んでいたのだった。ところが、本殿の前に拝殿が立ちふさがってしまったので、今日では拝殿を拝んでいるような形になった。

ところで、仏教には仏像があって、仏像は仏様そのものであり、それを拝むので偶像崇拝とされる。しかし、神社神道では神像はあっても神体であるので人目には決して触れず、したがって偶像崇拝ではない。教会でさえ偶像というべきマリア像があるが、神社神道には偶像がまったくない。そして、日本の神社では、本殿自体が偶像の代わりとなるほどの高貴な建築であって、それを拝むことを通じて、目には見えない神様に礼拝しているのである。七世紀に本殿が創建されたのを契機にして、今日のような神社神道へと発展したのであり、世界に無類の成熟した宗教形態が生まれたと思うのである。

二〇一二年十二月

三浦正幸

稲垣榮三『神社と霊廟』日本の美術一一、小学館、一九七一年十月
稲垣榮三『古代の神社建築』日本の美術八一、至文堂、一九七三年二月
井上寛司『日本の神社と「神道」』校倉書房、二〇〇六年十二月
井上寛司『日本中世国家と諸国一宮制』岩田書院、二〇〇九年二月
井上寛司『「神道」の虚像と実像』講談社現代新書二一〇九、講談社、二〇一一年六月
井上充夫「拝殿の起源について」日本建築学会論文報告集、第六二号、一九五九年
太田博太郎「入母屋造本殿の成立」日本の建築、筑摩書房、一九六八年一月
林野全孝・桜井敏雄『神社の建築』河原書店、一九七四年十一月
村山修一『本地垂迹』吉川弘文館、一九七四年六月
丸山茂『神社建築史論—古代王権と祭祀—』中央公論美術出版、二〇〇一年七月
義江彰夫『神仏習合』岩波新書四五三、岩波書店、一九九六年七月

著者既発表論文・著書

「厳島神社の本殿」建築史学、第四号、一九八五年三月
「丹後一宮の籠神社本殿」日本建築学会中国支部研究報告集、第一一巻、一九八五年三月

「越前の気比神宮本殿」日本建築学会中国支部研究報告集、第一二巻、一九八五年三月
「多武峰談山神社本殿」日本建築学会計画系論文報告集、三五五号、一九八五年九月
「香取神宮本殿」日本建築学会計画系論文報告集、三六二号、一九八六年四月
「信濃の生島足島神社本殿」日本建築学会中国支部研究報告集、第一四巻、一九八八年三月
「美作の中山神社本殿」日本建築学会中国支部研究報告集、第一四巻、一九八八年三月
「神社本殿内の中世の玉殿―広島県高田郡八千代町の佐々井厳島神社と常磐神社―」建築史学、第一一号、一九八八年九月
「信濃の諏訪大社の宝殿」日本建築学会中国支部研究報告集、第一六巻、一九九一年三月
「出雲大社本殿」「神魂神社本殿」「吉備津神社本殿・拝殿」『日本建築史基礎資料集成』第一巻社殿Ⅰ、中央公論美術出版、一九九八年六月
「間面記法の運用に関する考察」仏教芸術、二七〇号、毎日新聞社、二〇〇三年九月
「神社本殿の分類と起源」国立歴史民俗博物館研究報告、第一四八集、二〇〇八年十二月
「宝治度出雲大社八丈本殿の復元」『出雲大社の建築考古学』同成社、二〇一〇年九月
『広島県神社誌』広島県神社庁、一九九四年八月（監修・執筆）
『広島県の神社建築』広島県青年神職会、二〇〇二年十二月（監修・執筆）
『平清盛と宮島』南々社、二〇一一年十二月

著者紹介

一九五四年、名古屋市生まれ
一九七七年、東京大学工学部建築学科卒業、
工学博士
現在、広島大学名誉教授

主要著書

『天守　芸術建築の本質と歴史』（吉川弘文館、二〇二二年）
『図説近世城郭の作事　櫓・城門編』（原書房、二〇二二年）
『城のつくり方図典』改訂新版（小学館、二〇一六年）

歴史文化ライブラリー
362

神社の本殿
建築にみる神の空間

二〇一三年（平成二十五）二月一日　第一刷発行
二〇二三年（令和　五　）四月一日　第四刷発行

著　者　三《み》浦《うら》正《まさ》幸《ゆき》
発行者　吉川道郎
発行所　株式会社　吉川弘文館
東京都文京区本郷七丁目二番八号
郵便番号一一三―〇〇三三
電話〇三―三八一三―九一五一〈代表〉
振替口座〇〇一〇〇―五―二四四
http://www.yoshikawa-k.co.jp/
印刷＝株式会社　平文社
製本＝ナショナル製本協同組合
装幀＝清水良洋

ISBN978-4-642-05762-2

歴史文化ライブラリー

1996.10

刊行のことば

現今の日本および国際社会は、さまざまな面で大変動の時代を迎えておりますが、近づきつつある二十一世紀は人類史の到達点として、物質的な繁栄のみならず文化や自然・社会環境を謳歌できる平和な社会でなければなりません。しかしながら高度成長・技術革新にともなう急激な変貌は「自己本位な刹那主義」の風潮を生みだし、先人が築いてきた歴史や文化に学ぶ余裕もなく、いまだ明るい人類の将来が展望できていないようにも見えます。このような状況を踏まえ、よりよい二十一世紀社会を築くために、人類誕生から現在に至る「人類の遺産・教訓」としてのあらゆる分野の歴史と文化を「歴史文化ライブラリー」として刊行することといたしました。

小社は、安政四年（一八五七）の創業以来、一貫して歴史学を中心とした専門出版社として書籍を刊行しつづけてまいりました。その経験を生かし、学問成果にもとづいた本叢書を刊行し社会的要請に応えて行きたいと考えております。

現代は、マスメディアが発達した高度情報化社会といわれますが、私どもはあくまでも活字を主体とした出版こそ、ものの本質を考える基礎と信じ、本叢書をとおして社会に訴えてまいりたいと思います。これから生まれでる一冊一冊が、それぞれの読者を知的冒険の旅へと誘い、希望に満ちた人類の未来を構築する糧となれば幸いです。

吉川弘文館

歴史文化ライブラリー

文化史・誌

落書きに歴史をよむ――三上喜孝
山寺立石寺 霊場の歴史と信仰――山口博之
神になった武士 平将門から西郷隆盛まで――高野信治
跋扈する怨霊 祟りと鎮魂の日本史――山田雄司
将門伝説の歴史――樋口州男
空海の文字とことば――岸田知子
殺生と往生のあいだ 中世仏教と民衆生活――苅米一志
浦島太郎の日本史――三舟隆之
〈ものまね〉の歴史 仏教・笑い・芸能――石井公成
戒名のはなし――藤井正雄
墓と葬送のゆくえ――森 謙二
運 慶 その人と芸術――副島弘道
ほとけを造った人びと 止利仏師から運慶・快慶まで――根立研介
祇園祭 祝祭の京都――川嶋將生
洛中洛外図屏風 つくられた〈京都〉を読み解く――小島道裕
化粧の日本史 美意識の移りかわり――山村博美
乱舞の中世 白拍子・乱拍子・猿楽――沖本幸子
神社の本殿 建築にみる神の空間――三浦正幸
古建築を復元する 過去と現在の架け橋――海野 聡
生きつづける民家 保存と再生の建築史――中村琢巳
大工道具の文明史 日本・中国・ヨーロッパの建築技術――渡邉 晶
苗字と名前の歴史――坂田 聡
日本人の姓・苗字・名前 人名に刻まれた歴史――大藤 修
大相撲行司の世界――根間弘海
日本料理の歴史――熊倉功夫
日本の味 醤油の歴史――林 玲子・天野雅敏 編
中世の喫茶文化 儀礼の茶から「茶の湯」へ――橋本素子
香道の文化史――本間洋子
天皇の音楽史 古代・中世の帝王学――豊永聡美
流行歌の誕生 「カチューシャの唄」とその時代――永嶺重敏
話し言葉の日本史――野村剛史
柳宗悦と民藝の現在――松井 健
ガラスの来た道 古代ユーラシアをつなぐ輝き――小寺智津子
たたら製鉄の歴史――角田徳幸
金属が語る日本史 銭貨・日本刀・鉄炮――齋藤 努
書物と権力 中世文化の政治学――前田雅之
気候適応の日本史 人新世をのりこえる視点――中塚 武

歴史文化ライブラリー

- 災害復興の日本史——安田政彦

民俗学・人類学

- 古代ゲノムから見たサピエンス史——太田博樹
- 日本人の誕生 人類はるかなる旅——埴原和郎
- 倭人への道 人骨の謎を追って——中橋孝博
- 役行者と修験道の歴史——宮家 準
- 幽霊 近世都市が生み出した化物——髙岡弘幸
- 雑穀を旅する——増田昭子
- 川は誰のものか 人と環境の民俗学——菅 豊
- 柳田国男 その生涯と思想——川田 稔
- 遠野物語と柳田國男 日本人のルーツをさぐる——新谷尚紀

世界史

- 神々と人間のエジプト神話 魔法・冒険・復讐の物語——大城道則
- 中国古代の貨幣 お金をめぐる人びとと暮らし——柿沼陽平
- 渤海国とは何か——古畑 徹
- 古代の琉球弧と東アジア——山里純一
- アジアのなかの琉球王国——高良倉吉
- 琉球国の滅亡とハワイ移民——鳥越皓之
- イングランド王国前史 アングロサクソン七王国物語——桜井俊彰
- フランスの中世社会 王と貴族たちの軌跡——渡辺節夫
- ヒトラーのニュルンベルク 第三帝国の光と闇——芝 健介
- 帝国主義とパンデミック 医療と経済の東南アジア史——千葉芳広
- 人権の思想史——浜林正夫

考古学

- タネをまく縄文人 最新科学が覆す農耕の起源——小畑弘己
- イヌと縄文人 狩猟の相棒、神へのイケニエ——小宮 孟
- 顔の考古学 異形の精神史——設楽博己
- 〈新〉弥生時代 五〇〇年早かった水田稲作——藤尾慎一郎
- 文明に抗した弥生の人びと——寺前直人
- 樹木と暮らす古代人 木製品が語る弥生・古墳時代——樋上 昇
- アクセサリーの考古学 倭と古代朝鮮の交渉史——高田貫太
- 古 墳——土生田純之
- 東国から読み解く古墳時代——若狭 徹
- 東京の古墳を探る——松崎元樹
- 埋葬からみた古墳時代 女性・親族・王権——清家 章
- 鏡の古墳時代——下垣仁志
- 神と死者の考古学 古代のまつりと信仰——笹生 衛
- 土木技術の古代史——青木 敬

歴史文化ライブラリー

国分寺の誕生 古代日本の国家プロジェクト——須田 勉
東大寺の考古学 よみがえる天平の大伽藍——鶴見泰寿
海底に眠る蒙古襲来 水中考古学の挑戦——池田榮史
銭の考古学——鈴木公雄
中世かわらけ物語 もっとも身近な日用品の考古学——中井淳史
ものがたる近世琉球 喫煙・園芸・豚飼育の考古学——石井龍太

古代史

邪馬台国の滅亡 大和王権の征服戦争——若井敏明
日本語の誕生 古代の文字と表記——沖森卓也
日本国号の歴史——小林敏男
日本神話を語ろう イザナキ・イザナミの物語——中村修也
六国史以前 日本書紀への道のり——関根 淳
東アジアの日本書紀 歴史書の誕生——遠藤慶太
〈聖徳太子〉の誕生——大山誠一
倭国と渡来人 交錯する「内」と「外」——田中史生
大和の豪族と渡来人 葛城・蘇我氏と大伴・物部氏——加藤謙吉
物部氏 古代氏族の起源と盛衰——篠川 賢
東アジアからみた「大化改新」——仁藤敦史
白村江の真実 新羅王・金春秋の策略——中村修也
よみがえる古代山城 国際戦争と防衛ライン——向井一雄
よみがえる古代の港 古地形を復元する——石村 智
古代氏族の系図を読み解く——鈴木正信
古代豪族と武士の誕生——森 公章
飛鳥の宮と藤原京 よみがえる古代王宮——林部 均
出雲国誕生——大橋泰夫
古代出雲——前田晴人
古代の皇位継承 天武系皇統は実在したか——遠山美都男
古代天皇家の婚姻戦略——荒木敏夫
壬申の乱を読み解く——早川万年
戸籍が語る古代の家族——今津勝紀
古代の人・ひと・ヒト 名前と身体から歴史を探る——三宅和朗
万葉集と古代史——直木孝次郎
郡司と天皇 地方豪族と古代国家——磐下 徹
地方官人たちの古代史 律令国家を支えた人びと——中村順昭
古代の都はどうつくられたか 中国・日本・朝鮮・渤海——吉田 歓
平城京に暮らす 天平びとの泣き笑い——馬場 基
平城京の住宅事情 貴族はどこに住んだのか——近江俊秀
すべての道は平城京へ 古代国家の〈支配の道〉——市 大樹

歴史文化ライブラリー

中世史

歴史文化ライブラリー

歴史文化ライブラリー

戦国貴族の生き残り戦略――岡野友彦
鉄砲と戦国合戦――宇田川武久
検証 長篠合戦――平山 優
織田信長と戦国の村 天下統一のための近江支配――深谷幸治
検証 本能寺の変――谷口克広
明智光秀の生涯――諏訪勝則
加藤清正 朝鮮侵略の実像――北島万次
落日の豊臣政権 秀吉の憂鬱、不穏な京都――河内将芳
豊臣秀頼――福田千鶴
天下人たちの文化戦略 科学の眼でみる桃山文化――北野信彦
イエズス会がみた「日本国王」 天皇・将軍・信長・秀吉――松本和也
海賊たちの中世――金谷匡人
アジアのなかの戦国大名 西国の群雄と経営戦略――鹿毛敏夫
琉球王国と戦国大名 島津侵入までの半世紀――黒嶋 敏
天下統一とシルバーラッシュ 銀と戦国の流通革命――本多博之

各一七〇〇円～二二〇〇円（いずれも税別）
▽残部僅少の書目も掲載してあります。品切の節はご容赦下さい。
▽品切書目の一部について、オンデマンド版の販売も開始しました。
詳しくは出版図書目録、または小社ホームページをご覧下さい。